海外のお客様の心もつかむ

# ファンをつくる接客術

元ウェスティンホテル東京
指名・リピート率
No.1

カウンターシェフ 仲亀 彩

# はじめに

お客様を自分のファンにしましょう。

そう言うと、「接客でファンをつくるってどういうことだろう？」と思った方もいるかもしれません。「ファン」と聞いて、スーパースターの何万人ものファンを想像された方もいると思います。

しかし、**ここで言うファンとは、あなたのことを「いいね」と言ってくれる人、あなたを推してくれるお客様のこと**です。

あなたと話したい、会いたいと思ってくれるお客様、自分のことを好きでいてくれるお客様。あなたにも、今まで接客してきた中で、そのようなお客様がいるのではないでしょうか？

そのようなお客様を増やしていくのがいい理由。それは、**ファンができるとそれま**

**でにない「変化」が起こるから**です。自分のしてきたことや、自分のやり方・方法、「これで大丈夫かな？ 合ってるかな？」と思っていたことに対し、他の人から「いいね」と言ってもらえることで、自分の中に安心感が生まれます。その安心感が何度も積み重なると、自信になります。これが、あなたの仕事での行動やマインドに、確かな変化をもたらします。

そして、仕事での変化は、プライベートでの行動や思考・発言にも、大きく影響を及ぼします。自己肯定感や承認欲求の満たされ方も変わってくるでしょう。

また、**ファンがいる人といない人とでは、収入や仕事の幅、規模が変わります**。それは、その人がもたらすものに価値を感じる人が多ければ多いほど、「あなたに働いてほしい」「仕事を一緒にしたい」と思う人も多くなるからです。そうなれば、自分がやりたい仕事を選べるようになります。ですので、ファンづくりは、早ければ早いほどいいと私は思います。

そして、仕事でファンをつくるのがいい最大の理由は、おそらくあなたが今、多くの時間を仕事に充てているからです。

正社員やアルバイト・パートタイマーなど、人によって時間の長短はあると思いますが、**時間をかけているものに本気で取り組むと、ファンになる人が生まれやすい**ものです。

私はこれまでの経験から、ひらめき×努力＝その人の能力であると感じています。このひらめきを得るためには、少なからず考える時間が必要です。そしてひらめいたことを、ある一定の期間、努力して習得します。それができるようになると、また新しいことをひらめき、また一定の期間努力し、それを習得します。こうして自分が考えたものを何度も習得すると、だんだん自分はこうするとできるようになるという、自分なりのやり方がわかってきます。そうすると、あなたの成功哲学ができます。

この**ひらめき×努力のループを継続できることが、ここで言う「才能」**です。これには一定の時間をかける必要があるので、多くの時間をかけることができる今の仕事は、あなたの才能を育むにはもってこいです。

**ぜひ今の仕事で、あなたの成功哲学をつくってください。**それができると、仕事でも、プライベートでも、どんなことにも応用ができるようになります。

申し遅れました。私は仲亀彩と申します。15歳で始めたアルバイトが接客業だったことがきっかけで、そこからずっと接客業に従事し、今年で24年。昨年までウェスティンホテル東京の鉄板焼店でカウンターシェフをしていました。当時のお客様の指名・リピート率はNo・1。今まで接客したお客様はのべ15万人以上になります。接したお客様は0歳～93歳と、さまざまな年齢の方がいらっしゃいました。また、ホテルには海外のお客様も多く、いろいろな国の方々を接客させていただきました。アメリカでも働き、接客をした経験もあります。

その経験を活かし、本書では、海外のお客様の対応を含め、変化する今の社会に合ったノウハウや、「接客」の本質をお伝えしています。この2つの見方を手に入れることで、家族や友人、恋人、仕事仲間、仕事先とこれまでよりよい関係を築くことができ、あなたの人生を次のステージに上げてくれます。

本書を読み、考え、行動することで成功法則をつくり、自分だけの力をつけてください。あなたがさらに接客しやすくなり、仕事でファンをつくるヒントになれば幸いです。

ファンをつくる接客術

# 登場人物紹介

## たまちゃん

接客が大好きで、
飲食店で働く20代の女性。
将来自分の店を持つために、
日々奮闘している。

## 菊さん

たまちゃんの働くお店に通う30代の男性。
職場の後輩や家族、
意中の女性も連れて行くほど
たまちゃんの働くお店を気に入っている。

## 海外のお客様

桜を見に日本に来た海外のお客様。
口コミでたまちゃんの働くお店を知り、
訪問した。

海外のお客様の心もつかむ ファンをつくる接客術

―もくじ―



## 第1章 接客は最高のツール

第2章

# お客様がリピートしやすい店づくり

第3章

# 海外のお客様を集客する

第4章

# 売上を上げる7つのこと

第5章

## 自分だけのオリジナルサービスをつくる



装　　丁　亀井　文（北路社）
本文デザイン・DTP　町田えり子
イラスト　まるさ
写真撮影　株式会社トータルクリエイツ　坂口康司
企画協力　ネクストサービス株式会社（代表 松尾昭仁）
編　　集　岩川実加

ファンをつくる
接客術

第1章
接客は最高のツール

いまここ

第2章
お客様がリピートしやすい店づくり

第3章
海外のお客様を集客する

第4章
売上を上げる7つのこと

第5章
自分だけのオリジナルサービスをつくる

# 第1章

## 接客は最高のツール

# 1 仕事は人間関係が10割

仕事は人間関係が10割です。

今の世の中にある仕事には、人と直接関わらないものもたくさんあります。例えばオンライン上のみでのやりとりや、リモートワークなど、以前に比べて人と直接関わることが減った仕事もあるでしょう。そのような変化もありますが、それでも仕事は人間関係が10割です。

どういうことか説明します。

**仕事はすべて、人間関係で成り立っています。人間関係のない仕事というのはありません。**

例えば、動物園の飼育員は動物が住みやすい環境をつくるために、掃除をしたり、食事を与えたり、医療を施したりします。それは、動物園に来たお客様たちに、キレイな園内で、病気のない元気な動物を見て喜んでもらうためです。夜間に誰もいないビルで清掃の業務に従事する人がいます。それは、朝になれば来る人たちに、元気にイキイキと働いてもらい、いい仕事を生み出してもらうためです。芸術家は表現したいものを具現化する仕事です。1人で作業をしていて人間関係とは無関係に見えても、作品の向こう側には、それを見て人生観が変わる人や畏敬の念を抱く人、自分もこんなふうになりたいと願う人がいます。もとより芸術活動を仕事として行うためには、場所や材料、生活資金などが必要で、そこでも人間関係は不可欠です。

このように、**商品やサービスの向こう側には必ず人がいます。**

一見、人間関係とは関わりのなさそうな仕事でも、直接関わる仕事でも、どちらも人間関係が10割です。

「仕事」という言葉を調べると、「人に仕えること」と出てきます。

仕事の本質は、人を喜ばせたり、人をよりよい状態にしたりすることです。直接人と関わっていないような仕事でも、その向こうにいる人と繋がっています。

また、人が動かなかったり、関わる人の数が少なかったりすれば、動く金額は小さくなります。一方、誰かが何かをつくったとして、それを欲しいと思う人が大勢いたり、関わる人が多かったりすれば、大きなお金が動きます。そうすると、たくさんのお金を得るチャンスが生まれます。

人との繋がりで、それまでには考えられなかったような新しい道が開けたり、新しい仕事を得たりして、人生がガラッと変わることもあります。同じように、あなた自身が、接した相手1人ひとりの人生を変えることもあるでしょう。

このように、**人と接することは、どんな場面・状況においても避けては通れません。そして、その能力は、努力によって磨くことができます。**

大物になりたい人は大物になれるように、自分がやりたいことがある人はそれが仕事になるように、この本で人と接することに向き合い、懸命に取り組んでください。

★☆☆☆☆
# 第1章
# 接客は最高のツール

## 2 接客で大事な2つのマインド①「尊重する気持ち」

お客様に限らず、人と交流をする場面ではどんな時でも、接客の要素を使うことができると私は感じています。実際私は、この接客の力を使うことによって、人とよりよい関係を構築したり、打ち合わせを成功させたり、自分やまわりの事業の営業をスムーズに進めて契約に導いたり、ということができています。

**接客は、現代で生きる限り、一生使えるスキルです。**

前項でお伝えした通り、人間関係の関わらない仕事はありません。仕事以外でも、友人や恋人、家庭など、さまざまな場面でよりよい関係や結果を生み出すために、接客スキルは本当に役立ちます。

細かいことをお話しする前に、まずは接客をする上で持っていていたい2つのマインドについて、お伝えします。

**1つ目は、人を尊重する気持ちです。**

この気持ちは、相手の主義主張や感情を大切に思い、相手とのコミュニケーションを円滑にすることに繋がります。

誤解してほしくないのですが、これは相手に媚びへつらうようなお世辞を言ったり、自分に嘘をついたりすることではありません。

接客業という職業であっても、私はお客様にへりくだる必要はないと考えています。もちろん、サービスを提供する人、提供される人という立場の違いはありますが、**接客というのは人と人との交流です。自分もお客様も互いに気持ちのよい状態、関係になるのがベスト**です。

私がホテルの鉄板焼店に勤務していた際の話です。

長年来店されている常連のお客様がいました。そのお客様は1人でいらっしゃることが多かったのですが、年に何度か決まった時期に、岩手県に住むお母様といらっしゃいました。お客様がとても大切にしているお母様。お母様が来店されない時期も、私から「もうすぐお母様が東京にいらっしゃる時期ですね」などと話し、「今月の何日にいらっしゃるんですか？」と質問をしていました。

お客様から「母に△△を用意しようと思うのだけど、どう思う？」と私の意見を求められた際は、お客様の考えを否定せずに、「〇〇さんのおっしゃる△△もいいと思いますが、私は□□もいいと思います」と意見を述べるようにしていました。

このように、**接客は人と人とのコミュニケーションなので、相手を尊重しながら交流すると、関係を育みやすい**です。

新しく出会う人やお客様と、好きなことや趣味が合う場合、その場のノリや勢いで、一時は仲が深まると思います。しかし、相手のことを尊重できず、互いに尊重し合えない場合、最初に生まれたよい関係は長くは続きません。

話を聞くときに、相手を尊重しながら話を聞いてみましょう。
質問をするときに、相手を尊重しながら質問してみましょう。
意見を言うときに、相手を尊重しながら意見を伝えてみましょう。

これらを続けていくと、相手はあなたのことを、「自分を尊重してくれる人」だと感じるでしょう。

**ポイントは、無理をしないこと**です。

特に最初は、頑張り過ぎると精神がすぐに疲れてしまいます。お客様、友人、恋人、家族に会うときに、少しの時間でいいので、相手を尊重する気持ちで接してみましょう。続けていくと、誰に対しても自然に尊重できるようになり、それが積み重なると、よりよい関係を築けるようになるでしょう。

## 3 接客で大事な2つのマインド②「まごころ」

接客をする上で持っていたいマインドについて、「尊重する」ことの他に、もう1つ大事なものがあります。

接客をする上で、あなたが今、大切にしているものは何ですか？

お客様の要望に応える、お客様とよい関係をつくる、お客様の笑顔をつくる……、どれもとても大切なことだと思います。

そんなたくさんの大切なものがある中で、**私が一番大切にしているものは、「まごころ」**です。

「まごころ」と言うと、抽象的でわかりづらいかもしれませんが、辞書を引くと、「偽りや飾りのないありのままの心・気持ち」とあります。

私が思う**「まごころ」を込めたサービスとは、相手に寄り添う気持ちで、相手が本当に求めるものは何かを察して提供すること**です。

今、あなたがお客様に対してしているサービスに、寄り添う心はありますか？

私は、多くの日本人は賢く、大抵のことはできる人が多いように思います。

マニュアルをもとに業務をこなすことにおいては、世界一と言っても過言ではないかもしれません。

しかし、例えばお客様にコーヒーを出すとき、コーヒーを見ながらお渡しして、お客様の顔を見ずに終わるということはありませんか？

あなたが提供するサービスをお客様にお渡しするときに、どのような気持ちで、自分のもとからお客様のもとへ、お渡しししているでしょうか？

一旦読み進めるのを止めて、自分が接客しているところを思い出してみてください。

どうでしょうか？

そこにお客様に寄り添う心は、ありましたか？

ここでちょっと私の例を聞いてください。

事務的なことに疎い私。急ぎで実家に送りたい荷物があり、家の近くにあるコンビニに持っていきました。急いでいたこともあり、外袋にも入れず、コンビニで売っている箱に入れて送ろうと考えていました。

すると、オーナーらしき女性の店員さんが荷物を測り、それに合う箱を用意して包装し、発送手続きまで全部やってくれたのです。

私がそういったことが苦手なことを察したのか、あきらかにこちらが求めている以上のサービスを提供してくれました。

これこそが、私がお伝えしたい、お客様に寄り添う心です。


商店街にある個人店などは、この「まごころ」に溢れたお店が多い印象です。

お昼時など、混み合う時間帯にお客様への提供が遅くなる場合は、お店のおばちゃんが「ちょっと待っててね！」と大きな声で声をかけてくれる。

その言葉には、一生懸命さと温かさをあわせもつ、おばちゃんの気持ちが含まれています。その気持ちが乗った言葉は、待つという事実においても、嫌な気持ちを起こしづらいものです。

こちらへの配慮の気持ちを、言葉やしぐさによって表しているからです。

**自分が提供するサービスにどんな意味があるのか、なぜこのサービスをするのか、相手は本当は何を求めているのか、今一度考えてみましょう。**

もちろん、日々の業務に追われて、一挙手一投足に「まごころ」を込めるのは難しいかもしれません。その場合は、お客様に提供するその瞬間に、「まごころ」を込めてお渡しする、ここからやってみると始めやすいです。

この本を通して、通常のサービスを超えた、「まごころ」を込めたサービスを提供する心を育てましょう。

# 4 俊敏に動く

ここまで、接客をする上で大事な2つのマインドについてお伝えしました。

次は、そのマインドをもとにどのように行動していくか、ということについてお話ししたいと思います。

日々の業務や1つ1つの作業ができるようになったら、**次に意識したいのは、「俊敏に動く」こと**です。これは、単に速く動くというだけでなく、物事に合わせて頭を働かせて動くという意味です。

仕事中に立ち止まって、どうしようかと考えている人は、次のことを試してみましょう。

物事に合わせて速く動くカギは、「1つの動きについて、どのように動くのがよいかを理解していること」です。自分が理解していることによって、最短の動きができるようになります。これは、自分なりの考えで構いません。

**1つの作業について、どうすれば完成度高く、最短でできるのか、一度しっかりと考えてみましょう。**

例えば、洗ったワイングラスを拭く場合。グラスは、一度乾いてしまうと水跡が残ります。キレイに磨こうと思ったら、もう一度、そのグラスを水で濡らしてから拭く作業が必要になります。この場合は、拭ける時間があるときにグラスを洗うのがいいでしょう。

また、お客様から食材の産地についての質問を受けた場合。上司から聞いていたにもかかわらず忘れてしまっていると、再度上司に確認に行く必要が出てきます。しかもその間、お客様をお待たせしてしまいます。上司から聞いたときにメモをしておきましょう。

このような、やり直しなどの動きが1つずつ減り、一度でできることが増えてくると、「失敗した」と思って落ち込む回数が減ります。まわりからの見方も変わって、自分のストレスもどんどん減ります。これは嬉しいことですよね。

仕事ができるようになると、一緒にどの作業を組み合わせることができるのか、間にできる作業はどれなのか、わかってくると思います。

そして、それらが同時にできるようになると、仕事のスピードはぐっと上がり、急速に効率がよくなります。

また単純に、**1つ1つの業務が速くなると、隙間の時間ができます。**業務が速くなり、同時にできることが増え、組み合わせが上手になると、自分の時間が生まれ、余裕ができます。もういいことずくめです。

この状態になると、以前とは業務全体の捉え方も変わってくるでしょう。それは、自分の動きの精度が上がった証です。

自分に余裕ができると、自分が動きたいときに動ける瞬間が増えてきます。

他のスタッフへも目を配ることができ、今まで以上にお客様に「まごころ」を込めたサービスを提供しやすくなります。

この状態は、言うならば、**頭で考えてから動くのではなく、動きながら考えている状態**です。そんな状態にするには、反応、反射、感度を高くすることが重要です。気づいたらもう身体が動いている、そんな状態になったら、身体に染みついたと言えるでしょう。

これまで、初動の速さに注目したことがない人は、初動が速い人が何を思っているのか、どうしてそんなに速く動けるのか、考えたり、聞いたりしてみましょう。

**「目に入った瞬間に動いている自分のイメージ」が湧き、身体が勝手に動くようになれば一流**です。

それが、「俊敏に動く」ということです。

# 5 失敗のストックをする

次は、1つ1つの判断を速くするために、私が大事にしていることを、方法の1つとしてお話しします。

私の場合は、**「過去の失敗やミスをストックしておく」、そして、「同じミスはしない」**と決めています。シンプルなことですが、「次はこれをしない」と決めるだけで、自分への注意喚起になります。

例えば、目の前に、①と②の選択肢があります。

判断をする際、あなたが今まで①や①に近い選択肢を選んで失敗した経験があるならば、次は②を選択しましょう。一度失敗をした際に、その経験を振り返って、「もう①は選ばない、次は②を選択する」と、そのときに決めておきます。

そして、次の機会が来たときに②を選択したとします。その結果、また失敗したとしても、それは構いません。ここでまた振り返りをして、次は②も選択しないと決めます。そして、③という選択肢を考えておきます。③は、失敗のストック①②によって、導き出されたものです。

このように、**一度失敗したものや、失敗したものに近いものは、次は選ばないと決め、違う選択肢を用意します。**そうすることで、今までの失敗を繰り返しません。なので、失敗しても、自分を許してください。大事なのは、次にどうするかです。

**重要なのは、ここで振り返りをすること**です。まず、①や①に近い失敗をしたのはどうしてなのかを考えましょう。

振り返りの方法については、拙著『リピート率80％心をつかむ接客術』P72に詳しく書いてありますので、ぜひ読んで参考にしてみてください。

我々の仕事は、お客様にいつどこからお声がかかるか、予測がつきません。突然呼ばれて、上司に指示を仰ぐ時間がなく、すぐに自分で判断しないといけないこともあるでしょう。

そのときに、どうしたらよいのか、迷うことがあると思います。

ですので、**過去のミスを自分の中でストックしておいて、そのミスでない方を選ぶようにしましょう。**

そのために、ミスをストックする方法を次項でお話しします。

# 6 私がお客様ノートを作った理由

私が20代前半の頃、ある悩みがありました。それは、自分の記憶力に自信がないことでした。ちょっと時間が経つとお客様と話したことを忘れてしまうという、ありふれた話ではありますが、接客業に携わる者としては致命的と言える悩みでした。

当時働いていた店は、お客様と対面で接する機会が多いところでした。常連様がたくさんいることもあり、この悩みは私を困らせました。「いったい、どのお客様とあの話をしたんだっけ」と常に記憶が曖昧で、自信が持てなかった自分は、今思い出しても恥ずかしい限りです。

会話をした内容を覚えていないことで、お客様とうまくコミュニケーションが取れないことに悩んでいたある日、このことを上司に相談しました。

すると、「それなら、**覚えておきたいことをメモするのがいい**んじゃない？」と教えてもらいました。当たり前のようなことですが、日々の業務に追われ、そんなことにすら気づいていなかった私には、画期的なアドバイスでした。そこで、さっそくこのアドバイスを取り入れ、接客した後に、すぐにメモを取るようになりました。

メモのアドバイスをもらった日から、1ヶ月ほど経ったある日。

上司から「その後はどう？ メモは書いてる？」と聞かれたので、あれからメモを続けていて、接客の助けになっている、ということを報告することができました。

しかし、今度は別の悩みが出ていました。それは、メモが大量になって、かさばること。そして、それぞれのメモがバラバラになってしまい、どのお客様のものか、うまく管理ができないこと、でした。

すると上司は、今度は顧客ノートを作ることを提案してくれました。

**同じ人のメモをそろえて、お客様の名前を書いたページに、書いたメモをどんどん加えていくといい**よ、と教えてくれたのです。

こうして、お客様ノートは生まれました。

最初は、キャンパスのノートにお客様の名前を書き、そこにメモしていたものを加えていきました。そこから、自分なりにやり方を変えながら、オリジナルのノートを作っていきました。

ノートを書いてみて気づいたことがあります。

それは、**「ノート作りは自分の苦手と得意を知ることができる」**ということです。

なんと私は、お客様の名前を覚えるのが苦手でした。これは仕事以外の場面でも同じです。逆に、容姿や顔を覚えるのは得意なようで、ざっくりと特徴を書いておけば、しっかり覚えているということに気づきました。

ノートを書くようになったことで、自分の苦手と得意を知ったのです。

次項では、具体的なノートの書き方をお伝えします。

あなたもノートを書くことで、自分自身の苦手なことや得意なことに気づき、今している接客の助けにしてください。

# 7 お客様ノートの作り方

それでは、具体的なノートの作り方をお伝えします。

紙に書いても、スマートフォンでも、パソコンでも、何でも構いません。自分が書きやすいものに書いてみてください。

**店舗で顧客情報を取っている職場も多いかと思いますが、それとは別に、自分でノートを書いてみましょう。**

書く項目はこちらです。

お客様のことで、あなたが知っていることを書きます。

① 氏名

② 呼び名

③おおよその年齢
④見た目
⑤職業・職場
⑥来店日時・回数
⑦注文内容
⑧好み・苦手・アレルギー
⑨お連れ様に関して
⑩お話しした内容
⑪次回の目標

まずは、あなたが今ぱっと思い出せるお客様について書いてみましょう。

②の呼び名には、あなたがお客様を呼ぶ際になんとお呼びしているかを書いておきましょう。他のスタッフとは違うのであれば、それはあなただけの呼び方です。

④の見た目には、お顔や髪型がどんな感じなのか、服装は私服なのかスーツなのか

それ以外なのか、持ち物はどんなものなのか、おしゃれな方なら細かく書くとよいです。

そして、**一番大事なのは、「次回の目標」を必ず書くこと**です。

これが、私のお客様ノートの一番のポイントです。

次回の目標を書いておくことによって、お客様が次回に来店された際に、迷うことなく接客をすることができるようになります。

**今回した接客の記憶が薄れる前に、ノートを書いて、今回できなかったこと、今回の接客があったからこそできる次回の目標を書きましょう。**

こうすることによって、次回の来店までタイムラグがあっても、ノートを見返せばご来店時のことが浮かび、お1人お1人に合わせた接客をすることができます。

まずはこれをもとにノートを書いてみてください。書いていく中で、あなたに必要な項目やポイントがわかってくると思います。そして徐々に、あなたに合ったノート作りをしていただければと思います。

お客様ノートの名称は、

・美容師、エステティシャン、セラピスト、ネイリスト、整体師、マッサージ師などの方は「お客様カルテ」
・トレーナーの方は「お客様のトレーニングノート」

などでもよいかもしれません。

ぱっと思い出せるお客様何人かについて、書いてみましょう。これから働き始める方や、思いつくお客様がいない場合は、見本に自分のことを書いてみましょう。

## お客様ノート

① 氏名

② 呼び名

③ おおよその年齢

④ 見た目

⑤ 職業・職場

⑥ 来店日時・回数

⑦ 注文内容

⑧ 好み・苦手・アレルギー

⑨ お連れ様に関して

⑩ お話しした内容

ポイント ⑪ 次回の目標

# 8 お客様ノートの活用法

ノートを作ったら、次はどのように使うかについて、お話ししたいと思います。

私の場合ですが、**お客様の予約が入ったときにノートを振り返ります。**予約が入ったお客様のページを見返して、書いたときの記憶をたどります。前回、お客様が注文されたもの、お客様とお話しした内容など、一通り目を通して確認します。そして、次回の目標を書いた状況を思い出し、次にいらっしゃったときにはどうやったらそれができるのか、シチュエーションを想像します。

予約ではなく、急にお客様がいらっしゃったときは、すぐにノートを見ることは難しいかもしれません。ですが、**お客様に入口で対応した後に、もし時間ができたらノートを素早くチェック**して、何に気をつけるべきなのか、次の目標は何だったのかを確認します。ノートに書いてあることに気をつけながら、どう接客するかを考えます。

**ノートは、膨大な数のお客様の分析・整理をするデータベースの役割も果たします。**書くことで、さまざまなお客様が記憶に残り、経験値として蓄積されます。

また、**書くことで、振り返りをする機会をつくります。**これが自分の成長には大切です。私は、これにより最適な接客を導き出す〝勘〟が養われました。

また、私が働いていた店では、私のノートとは別に、店ノートがありました。店ノートは、スタッフ全員で共有していました。マネージャーやサービス、キッチン、シェフの誰でも見ることができ、全員記入することができます。

**店ノートのよい点は、1人のお客様に対してみんなが書くため、みんなの視点が入ること**です。スタッフによって、お客様からのヒアリング内容は変わります。お客様といろいろな会話をすることによって、お客様の新たな情報が増えていきます。また、全員が書き込めることで、スタッフ間のコミュニケーションも生まれます。

このように、1人のスタッフだけでなく、複数のスタッフからの情報が入ったノートは、多方面からの視点が入ったお客様像となり、携わった人の分だけ、お客様が立体的に見えてきます。

**自分のノート、店ノートのどちらも、ノートを見て確認することによって、接客の事故を減らすことができます。**

例えば、お客様から「次はこれを食べたい」と言われたものがノートに記入してあれば、忘れてしまっていても、ノートを見て準備することができます。

お客様Aさんを前回接客したスタッフがいなかったとしても、店ノートで別のスタッフがAさんの情報を引き継いでいれば、お客様をがっかりさせることは回避できるはずです。別のスタッフが担当することで、新たな視点が加わり、さらにAさんに喜んでもらえる接客を提供できるでしょう。

**前回の情報が伝わっていると、お客様からここではいつ行っても同じようなサービスを受けられると、徐々に信頼してもらえるようになります。**

ファンをつくる

# 接客術

第1章
接客は最高のツール

第2章
## お客様がリピートしやすい店づくり

いまここ

第3章
海外のお客様を集客する

第4章
売上を上げる7つのこと

第5章
自分だけのオリジナルサービスをつくる

# 第2章

## お客様がリピートしやすい店づくり

# 1 居心地のよさを提供する

サービスを受けるとき、あなたはどんな状態になれるところに行きたいですか？

私は、「おいしいものが食べられる」「体調がよくなる」「カッコよくなれる」「キレイになれる」「楽しくなる」「学びがある」「おもしろいと思う」「癒される」ようなところに行きたいです。これ以外にも、いろいろあると思います。

それでは、どんなところだと、もう一度行きたくなるでしょうか？

「商品・施設がよい」「スタッフがよい」「清潔さを感じる」など、自分とサービスが合っているところだと、もう一度行きたくなるのではないでしょうか。

突き詰めると、**それらはすべて、自分にとっての「居心地のよさ」と言える**のではないかと思います。

ところが、ひとくくりに「居心地のよさ」と言っても、お客様の求めるものや感性によって千差万別。これればかりは、本当に人それぞれです。どの人にもそれぞれの居心地のよさを提供するというのは、なかなか難しいように思います。

例えば、今回この本を作るにあたってご協力いただいた礒田さんに、どういうところに居心地のよさを感じるか聞いたところ、「スタッフが丁寧であること」「BGMがゆったりとした音楽であること」と答えてくれました。

また、私のパートナーは、狭いところと香料が苦手なため、「席が広いこと」と「店内の匂いが強くないこと」が、お店を選ぶときの大きな要素を占めると言っていました。

さらに、仕事でお世話になった知人は、「店内がすっきりしているよりも、物がごちゃごちゃしている方が落ち着く」と話していました。

このように、人によって求めるものは違います。

どうしたらお客様が居心地のよさを感じるのか、それはお客様にしかわかりません。しかし、**我々はお客様と関係を築くことで、1人1人のお客様が何を求めているのかを知ることができます。**あなたのサービスが、お客様の求めるものに近づけば近づくほど、お客様がリピートしたくなる居心地のよい場所となるでしょう。

お客様に合わせた居心地のよさをつくり、お客様に「また来たい」と思ってもらえるような空間にしていきましょう。

そのために重要なことを、次項でお話しします。

## 2 お客様に上手な距離感で接する

人が感じる居心地のよさには、大きく分けていくつかの要素があると思います。お店の空間（デザイン・広さ・清潔感）、スタッフ、メニューや価格、お客様の層などが大きなくくりとしてあるでしょう。

しかし、お店の空間やメニュー・価格などは、オーナーや経営陣が決めるところが大半です。開業時に、お客様のターゲット層を定めているお店も多いと思います。ですので、ここでは「スタッフがもたらす居心地のよさ」について考えていきましょう。

私は、**お客様に居心地のよさをもたらすものの1つに、お客様との距離感がある**と感じています。それは、文字通りの物理的な距離感と、心理的な距離感の両方です。

お客様は、スタッフと話をしたい人、お連れ様との会話を楽しみたい人、1人の時間を過ごしたい人、などさまざまです。『孤独のグルメ』の五郎さんのように、1人で料理に向き合い、そこで生まれる感動を楽しむ人もいます。黙々と食べたいから、放っておいてほしい人もいるでしょう。

**お店の雰囲気を気に入っているお客様に、スタッフとのよい距離感があると、より居心地のよさをもたらします。**

例えば、私の家の近所のコンビニに、上手な距離感で接してくれる店員さんがいます。

接客講師でありながら、実は人見知りの私ですが、何度も通ううちに、その店員さんと一言二言話すようになりました。私は人見知りの反面、仲が良くなると、深い人間関係に発展することも多々あります。その店員さんとも、徐々に距離感が近くなりました。

ある日、あんまんを買ったところ、その店員さんが「あんこがお好きですか？」と尋ねてくれました。そこで、「そうなんです」と答えると、なんと別の日に、ある有名な完売必至のどら焼きをプレゼントしてくれたのです。

びっくりしましたが、本当に嬉しい出来事でした。


このお店に居心地のよさを感じる私は、コンビニで何かを買う場合は、ほとんどこのお店に行きます。利用頻度のとても高いリピーターです。その理由は、近いからというだけではなく、先ほどの店員さんを含め、お店のスタッフの方々から居心地のよいサービスを受けることができるからです。

**お客様の求める距離感を知るには、オーダーやサービス提供時のお客様のリアクションや所作で、確かめていきます。**


まずはお客様をよく見てみましょう。お客様がどのような人なのか、何を求めているのかが、"見る" ことでわかってきます。

そして、"話しかける" ことは、物理的にも心理的にもお客様と距離を近づける、もっとも有効な方法です。

「こちらのお客様は、今、話しかけて大丈夫かな」

「集中しているから、今は話しかけるときではないな」

などと考えてみます。

自分の考えが合っているかどうかを知るには、お客様をよく見ることです。お客様の行動、我々への反応やリアクションから、「会話を求めているのかどうか」を知るアンテナを張っておきましょう。

**最初に話しかけるときは、その季節やシーズンの話、時事ネタ、提供している商品やサービスの話、お店の話などをするのがオススメ**です。

話しかけた際に、お客様から怪訝な顔をされたり、返事が曖昧だったりするようなら、「失礼いたしました」と引けば大丈夫です。その場合は、どうしたらよかったかを、お客様にお声がけする前を思い出してもう一度考えてみましょう。

お客様によって、居心地のよい距離感は違います。お客様の求める適切な距離を察し、上手な距離感で接しましょう。

そうすることでお客様との関係が徐々につくられ、あなたがいるお店が、お客様にとって来店しやすい場所になります。

第2章
# お客様がリピートしやすい店づくり

# 3 自分とお客様の共通項を見つける

お客様に接客した際に、「苦手かもしれない」と思うことはありませんか？見た目や態度から、「変わってる人かも」「面倒な人っぽい」「横柄な人なのではないか」と思うようなお客様もいるでしょう。

そういった人を接客した後で、最初の印象と変わったという経験はないでしょうか？「話してみたらそうでもなかった」「気さくでいい人みたい」「すごくおもしろい人だった」など、よい印象になったという経験があるかもしれません。

逆に、最初の印象がすごくよくて、「素敵な人だな」と思ったお客様が、コミュニケーションを取った後に、「なんか違ったな」「最初の印象とだいぶ変わった」と思うこともあるかもしれません。

コミュニケーションを取ったり、会話をしたりすると、はじめの印象と変わるお客様はたくさんいます。もちろん、最初の印象通りだったということもあるでしょう。

どちらにしても、これはお客様と向き合わなければわかりません。

まずは接して、話をしてみてからです。


お客様の立場に立ってみても、どんなスタッフと合うかわかりません。お客様のことを知らないことには、お互いに合うのか、合わないのか、合わないならどんなところが合わないのか、わかりません。**はじめにお客様に苦手意識を持ったとしても、一旦自分の中から追い出して、お客様と向き合ってみましょう。**


お客様とコミュニケーションを取ると、どこかに自分と共通しているところが見えてきます。味の好みや趣味、出身地や性格など、共通のことが見つかれば、会話はしやすくなります。

そこまでたどり着けば、あとは会話を重ねれば重ねるほど、お客様について知っていることが増えてきます。

ですので、多くのお客様に接する機会を自分からつくりましょう。そして、**お客様と自分とに共通することには何があるのかを知りましょう。**

そうすると、お客様との会話はどんどんしやすくなります。お客様とコミュニケーションを取る機会が増えると、お客様はあなたの接客に居心地のよさを感じ、リピートしたくなるお店になるでしょう。

# 4 お客様との距離を縮める2つの声かけ

お客様とグッと距離を縮める会話には、2つのパターンがあります。

1つ目は、当り障りのない質問
2つ目は、一歩踏み込んだ声かけ

この2つです。

**1 当り障りのない質問**

お客様が「はい」か「いいえ」で答えられる質問です。
もしくは、返事がしやすい質問です。

例えば、「今日はお仕事でしたか？」「今日はお休みの日ですか？」などです。

**この質問の目的は、会話のキャッチボールの心理的ハードルを下げること**にあります。こうすることで、次の会話がお互いに楽になるのです。

また、たとえ返事がもらえなかったとしても、質問者は心理的ダメージが少ないです。

## 2 一歩踏み込んだ声かけ

少し難易度が上がりますが、**時間が取れないけど、コミュニケーションを取りたいときにする、短時間の声かけ**です。インパクトや印象を残しやすく、人との関係構築もしやすいです。

ここでの注意ポイントは、相手が答えづらい内容にならないようにすることです。

お客様とのやりとりではないですが、私が電車に乗っていたときに生まれた会話を例にお話しします。

先日、夕刻の人が多い時間帯に電車に乗っていると、小柄なおばあさんが乗車してきました。おばあさんはその身体には大きなスーツケースを持っていました。角に立っていた私は、スーツケースが置きやすいようにその場を譲りました。

おばあさんは「ありがとう」とお礼を言いながら、スーツケースに寄りかかって、読書を始めました。おばあさんが途中下車するようだったので、降りる前に声をかけました。

私　　　「器用ですね」
おばあさん「え？　なんで？」
私　　　「スーツケースに寄りかかりながら、読書されていたので」
おばあさん「ふふ。ありがとう」
私　　　「お元気で！」

おばあさんは顔に花が咲いたような笑顔で、下車していきました。

今回私は、おばあさんの様子を何駅分か見ていたので、このような声かけとなりました。初対面の人から、「器用である」というような、あまり人が言わないような言葉をかけられると、その人の印象に残るようになります。

これをお客様にすると、短時間でもぎゅっと濃いコミュニケーションを取ることができ、お客様の記憶に残りやすいです。

これは、質問でなくても構いません。きれいな人に「美人ですね」と言うよりも、「しぐさが美しいですね」や「努力家ですね」といった、パッと見の印象とは別のことを伝える方が、相手の印象に残りやすいものです。

このように、**印象に残りやすい会話ができると、お客様はあなたを一スタッフではなく、スタッフの〇〇さんとして認識し、覚えてくれるきっかけになります。**

まずは認識してもらうことが、自分を目がけてリピートしてくれるお客様をつくる、第一歩です。

# 5 お客様のシチュエーションによって接客は変わる

お客様はさまざまなシーンでサービスを利用します。

飲食店においても、仕事での打ち合わせや会食、仕事後のお食事、休日のお食事、ご家族とのお食事など、多種多様です。

どのお客様にも同じようにサービスを提供するのではなく、**お客様がどのような状況で来店されたかによって、提供の仕方を変えてみましょう。**

会食で利用される場合は、会食時に商談が成立する可能性もあります。

また、商談が成立した後に食事に来てくださることもあります。

情報漏洩にも気をつけながら、求められる状況に合わせて、端のお席をご用意したり、個室があればそちらをご提案したりするとよいでしょう。

仕事後のお食事でのご利用と思われる、スーツ姿で1人で来店されるお客様は、仕事終わりで疲れているかもしれません。

それなら、あまりまわりが気にならないよう、隣のお客様との間隔が空いている席にご案内すると、居心地がよいでしょう。

ご家族でのお食事では、サービスはしっかりしつつも、スタッフは分をわきまえ、ご家族だけの時間を楽しんでもらえるようにするのも配慮の1つです。

このように、**同じメニュー、同じ商品を注文されても、お客様の利用されている状況に合わせて、接客を変えてみましょう。**

今お伝えしたのは、別々のお客様のお話でしたが、もう1つお伝えしたいのが、同じお客様で日によってシーンが異なる場合です。

**同じお客様が、お1人で来店されるときと、友人や恋人・ご家族と来店されるとき、そして仕事関係の方と来店されるときでは、接客は変わります。**

例えば、普段は仕事関係の方といらっしゃるお客様が、ご家族とプライベートで来店された場合を考えてみてください。

お客様は、装いも私服で、雰囲気も柔らかい印象です。

最初の問題は、お客様のご家族に、仕事で当店を利用されていることを伝えていいかどうかということです。

「いつもご利用いただき、ありがとうございます」と言う前に、お客様にご家族の方にお伝えしていいのかを確認すると、ミスや事故は起こりづらくなります。

このように、同じお客様でも場面場面により、接客は変わります。

次項で、シチュエーションを変えながら、同じお客様をどのように接客するかを考えていきましょう。これができるようになると、お客様のリピート率はぐんと上がります。

# 6 さまざまなシーンに合わせた接客

それでは、シチュエーションに合わせてどう接客するのか、考えていきましょう。

ここに常連の30代男性「菊さん」というお客様がいるとします。

そして、それぞれのシーンに、お客様の「目的」「お連れ様」「気分」があります。

さまざまなシーンで、どのように接客するといいかを考えてみましょう。

**シーン①**

目的　息抜き
お連れ様　なし
気分　仕事で疲れている

私の場合は、菊さんをなるべく静かな席か、奥の席にお通しします。仕事でお疲れのご様子なので、こちらから仕事の話は振りません。菊さんから仕事の話が出たら、話を聞きましょう。なるべく「仕事以外のワードやネタ」で会話をします。

菊さんから出てくるワードから、できるだけリラックスできるような話題を考えます。

食事や飲み物などは、菊さんの好みに合わせたものをすすめ、くつろいでもらいながらお食事の時間を楽しんでいただきます。

〈声かけの例〉

「夜は普段、何をして過ごされていますか？」

「ハイボールがお好きでしたら、○○ハイボールは飲みやすく、菊さんの今の気分に合っているかと思うのですが、いかがですか？」

「今週末はどうされるんですか？」

## シーン②

**目的**　仕事仲間と息抜き　関係性の構築
**お連れ様**　仕事の後輩
**気分**　わくわく　後輩が気に入るか少し心配

私の場合は、最初に菊さんに向けてごあいさつします。その場でお連れ様（Aさん）を紹介してもらえれば、Aさんにきちんとごあいさつします。特に紹介のような形でなければ、「いらっしゃいませ。ご来店いただき、ありがとうございます」のような歓迎のあいさつをします。

菊さんとAさんの会話から2人の関係性を想像します。Aさんのことを伺ってもよさそうな空気であり、話しかけてもよさそうなタイミングがあれば、どのような関係性なのかなどを尋ねます。

〈声かけの例〉

「菊さん、今日はお2人でご来店いただき、ありがとうございます」

「お仕事を一緒にされて長いのですか？」

「Aさんはどんなお仕事をされているんですか？」

「菊さんは、我々スタッフにもいつも優しいです」

このような声かけをし、職場での菊さん

を見ることが多いお連れ様に、菊さんのお店での様子や人間性を伝えます。菊さんの印象がＵＰするような声かけをすると喜ばれるでしょう。

〈事例（年下社長と年上部下）〉

お客様がお連れ様と来店された場合、お２人の会話や、お互いの相手への行動、しぐさから、関係性を考えます。

**お連れ様の年齢が若いからといって、仕事では部下・後輩とは限りません。**

私がまだ経験が浅い頃、こういうことがありました。

仕事でのお食事で来店されたお２人のお客様がいました。

そこで私は、年上に見えたお客様に先に料理を提供しました。しかし、お２人は社長と部下の関係で、実は年下に見えたお客様が社長だったのです。つまり私は、若い社長への提供を後にしてしまったことになります。

その際、部下の方に「先に社長へお願いします」と言わせてしまいました。社長は気にしていない素振りでしたが、これは大きな失敗です。なぜなら、部下の方が気にしていたからです。

会社によっては、食事の際に、社長と部下への提供の順番を気にしないところもあります。しかし、この場合は部下の方が気にしていたため、社長から提供する必要がありました。

年下の社長の中には、そういった接客や扱いをされることに慣れている方もいるかもしれません。しかし、「私は部下に見られているのだな」「社長の風格がないのかもしれない」と感じる方もいるはずです。その場合、これはお客様にとって居心地がよくありません。

**お客様の居心地をよくするために、お客様をしっかり見て、お客様の話をしっかり聞いて、どうしたらいいかを考えましょう。**

## シーン③

**目的**　デート　付き合いたい
**お連れ様**　好きな人　意中の女性
**気分**　わくわく　相手が気に入るか少し心配

このようなシーンでは、まずしっかりと2人の関係性を見ることが重要です。先ほどお話ししたように、菊さんが普段来店されていることを、お連れ様に伝えてもよいのかわかりません。予約時に確認できるようなら、「普段いらしていることを伝えても大丈夫ですか？」などと確認するといいと思います。できない場合は、菊さんが来店されてお連れ様がトイレなどで席を立った際に、確認するといいでしょう。

お2人がいい雰囲気になるように、サービスはしっかり提供しながらでしゃばらず、そっと見守ります。菊さんやお連れ様が、スタッフに嫉妬する場合もあります。ですので、十分な配慮が必要です。スタッフと菊さんの間に信頼関係があるようなら、菊さんとお連れ様がうまくいくよう後押ししてもよいでしょう。

〈声かけの例〉

「ご来店いただき、ありがとうございます」

●いつも来店していることをお連れ様に伝えてもよい場合

「菊さん、本日は何をお召し上がりになりますか？」

「素敵なお連れ様ですね」

●いつも来店していることをお連れ様に伝えてはいけない場合

初めていらしたように接し、メニューの説明でも詳細をきちんと伝えます。また、お客様の呼び方も変えます。

「菊様（お客様）、ご注文はお決まりでしょうか？」

## シーン④

**目的**　家族団らん　家族のお祝い
**お連れ様**　家族　兄弟姉妹
**気分**　わくわく　家族が気に入るか少し心配

この場合は、サービスの提供はそつなくこなし、家族水入らずの時間を楽しんでもらいましょう。自分からいろいろと話すのではなく、菊さんからの要望があれば、ご家族とお話をします。

最初は、菊さんを立てるためにも、菊さんを通してみなさまに話をするといいでしょう。それ以降も、菊さんから「(家族) みんなに直接聞いてください」などと言われなければ、菊さんを通してお話しするのがオススメです。

**〈声かけの例〉**
「菊さん、今日はみなさまでご来店いただき、ありがとうございます」

第2章

# お客様がリピートしやすい店づくり

「菊さんには、いつも本当によくしていただいております」

「菊さん、ご家族のみなさま素敵ですね」


なお、お客様が４名以上いる場合に私がしている接客の流れをまとめると、以下の通りです。

1 常連様にみなさまの関係性を聞く
2 常連様にご利用の目的を確認する（家族サービス、誕生日祝い、両家顔合わせ　など）
3 常連様へあいさつし、感謝の言葉を伝える
4 常連様を通してみなさまと話す

このように、同じ菊さんという1人のお客様でも、シチュエーションによって、接客はガラッと変わります。

また、これ以外にも、シチュエーションはたくさんあります。

お客様がどんな状況でご利用なさっているかを見極め、行動する最終的な決断は、我々

スタッフにかかっています。**お客様はどういう想いでいらっしゃっているのか、今日のゴールは何なのか、考えながら接客しましょう。**

お客様の思い描いたゴールに近ければ近いほど、お客様は喜ばれます。

また、お客様がお帰りになったら、どのように利用されたのか、忘れないうちにノートに記入しておきましょう。これが、次に来店されたときの、あなたの大きな助けとなります。

## 7 お連れ様ファーストの心得

一般的には、常連様と一緒にいらっしゃるお客様や、予約をされたご本人以外のお客様をお連れ様と呼びます。ここでは、前者の「常連様と一緒にいらっしゃるお連れ様」に関して話をしたいと思います。

常連様というのは、店のサービス内容を知っていて、何度もリピートされているお客様のこと。現場でお連れ様と称される方は、初回や少ない来店回数を表すことが多いように思います。それは、お連れ様も何度も一緒に来店されると、お2人で常連様という認識になるからです。

常連様と一緒にいらっしゃるお連れ様が1~2名の場合に、私が積極的にしている接客の方法があります。

それは**「お連れ様ファースト」**です。お連れ様ファーストとは、お連れ様から先にサービスを提供することです。

なぜお連れ様ファーストで接するかと言うと、1つ目の理由は、**初めてのお客様は店の勝手がわからないから**です。ですので、サービスを紹介するという意味でも、お連れ様から先に説明したり、飲み物の注文を伺ったりします。

もう1つの理由は、**常連様が連れて来られた大事なお客様だから**です。その方を大切に扱うという意味でも、お連れ様に先にサービスを提供し、丁寧に接します。

例えば、前項のシーン②のような、お連れ様が後輩という場合も、お連れ様ファーストで接します。お2人で来店され、1回目に飲み物を伺う際には、お連れ様から注文を伺います。そうした際に、万が一菊さんが不満そうであれば、次はお2人に同時に伺ったり、菊さんから伺ったりします。お客様によってはそういう方もいます。

シーン③のようなデートの場合は、常連様よりもお連れ様に気を配ります。私の場合は、お連れ様へ接するとき、自分の性別や個を消すような気持ちで、ただの一店員として接するように心がけています。

さらに、お連れ様に対して「あなたが私のお客様です」という気持ちを持って、誠心誠意尽くします。お連れ様と会話をしても問題ないようなら、お連れ様のよいと思ったところをほめます。やり過ぎやお世辞はいけません。お客様が引かないように、自分の本音をさりげなく伝えましょう。

**最終的なゴールは、お連れ様から好意を持ってもらえるようになること**です。それは、お連れ様が喜ぶことが常連様の喜びをつくるから。

お連れ様が楽しめると、またお2人でも来ていただけると思います。そうなると、リピーターも1人から2人に増えるのです。

お連れ様ファーストで対応して、お連れ様と常連様の反応を見てみてください。お連れ様は丁重にもてなされることに喜び、常連様はそんなお連れ様の姿とお連れ様に丁寧に接客するスタッフの様子を見て、不満で終わるはずがありません。

**常連様の大事なお連れ様の笑顔が溢れると、あなたと常連様との信頼関係がより強いものになる**でしょう。

第２章
お客様がリピートしやすい店づくり

ファンをつくる
# 接客術

第1章
接客は最高のツール

第2章
お客様がリピートしやすい店づくり

## 第3章
## 海外のお客様を集客する

いまここ

第4章
売上を上げる7つのこと

第5章
自分だけのオリジナルサービスをつくる

# 第3章

# 海外のお客様を集客する

# 1 海外のお客様への苦手意識をなくすには

私がホテルの鉄板焼店で勤務していた際、海外のお客様が数多くいらっしゃいました。

当時でお客様の割合の1／4ぐらいが外国人。欧米やオーストラリア、中国・韓国・香港などの東アジア以外にも、サウジアラビアやインド、ナイジェリア、オマーンなどさまざまな国の方が来店されます。王室や外交官の方々に対応する機会もあり、幅広い方々に接客しました。

海外からのお客様の来店は、物価の変動や各国のバカンスシーズン、祝祭日によるところが大きいと感じています。また、日本の四季を楽しみにいらっしゃる方も多いようです。「桜を見に来ました」「日本でお正月を過ごしたくて来ました」「富士山に登りたくてこの時期に来ました」という答えを、お客様からよく聞きました。

日本にいらっしゃるお客様は、日本という国で過ごすことをとても楽しみにしています。

ところが、**接客する人の中には、海外のお客様に対して苦手意識を持っている人や、「細かいところはわからないだろう」と思っている人も多い**ような気がします。

反対に、私が海外に行ったときに、「外国人だからわからないと思われているのかな」と感じたことがあります。勝手がよくわからずにこちらが戸惑っているときも、その場で対処してもらえず、そのまま流されたことも何度もありました。

実際のところ、外国人だからわからない、その国の人だからわかる、ということではないのかなと思います。自分が生まれ育った国でも、細かいことはわからない人やそこに興味のない人もいれば、海外出身で、わかる人も興味のある人もいます。**長く住んだ国や慣れている国であれば、多少理解度は上がるかもしれませんが、そこに出身地は関係ない**と思います。

もう10年も前の話ですが、母とフランスの有名な大衆食堂に行ったことがありました。メニューが難しく、注文までにかなりの時間がかかってしまいましたが、きちんと対応してくれたギャルソンの方を今でも覚えています。

こちらがメニューを読み解くまで待ち、女性２人だからこのくらいの量がいいんじゃないかとアドバイスまでしてくれながら、注文を受けてくれました。

私たち親子に寄り添ってくれたと感じ、気持ちよく食事ができました。旅のいい思い出として残っています。

**大切なのは、やはり人を尊重する気持ちを持ち、「まごころ」を込めたサービスを提供してお客様に寄り添うこと**です。

言葉の壁もそうですが、仮に言葉が通じても、その国ごとにニュアンスの違いがあります。その差を埋めるために、ジェスチャーやボディランゲージも使いながら、お客様が何を求めているのか、知る努力をしましょう。

これは、最初にお伝えした、仕事が人間関係なしには生まれないということにも通じます。**お客様が日本人であろうと、海外の人であろうと、我々がするべきことは変わりません。**

今まで勇気が足りなくて海外のお客様が苦手だと思っている人も、その一歩を踏み出すのがこわい人も、積極的にお客様に寄り添ってみましょう。

どの人にも「まごころ」を持って、接してみてください。

# 2 海外のお客様へ持つべき2つの意識

私は、海外のお客様には2つの意識を持って接するようにしています。

1つ目は、お客様をしっかりと観察する意識を持つこと、2つ目はお客様に手厚くおもてなしをする意識を持つことです。

順番に見ていきましょう。

## ❶ お客様をしっかりと観察する意識を持つ

**お客様の話している言語でどこからいらしたのかを考えます。** 英語圏からなのか、ヨーロッパ、中国、韓国、メキシコ、その他の地域など、ざっくりとで構いません。

英語圏の方であれば、英語の定型文を覚えておいて、どこから来たのか聞いてみます。あなたが他の言語がわかるのであれば、同じように定型文を覚えておいて、聞いてみましょう。これで、お客様がどこからいらしたかがわかります。

メニューを隈なく見ている方には、提供するサービス内容をより詳しく説明します。吟味する上で生じる疑問や迷いを、あなたの説明によって解消し、理解、納得してもらいます。サービスの背景なども説明することで、より価値を感じてもらうことができ、納得してもらいやすくなるでしょう。

最初のやりとりで、お客様がどこから来たのかがわかると、あとは自分が知っている知識を織り交ぜながら、接客を考えていきます。

例えば、**その国の食文化や作法に近いものを提供すると喜ばれる場合があります。**「このようにお出ししますか？」とお客様に直接ヒアリングして、そうしてほしいと言われた場合は、要望に合わせて提供します。お客様に聞くときは、難しいこと抜きで聞いてみましょう。「1皿ずつお出ししますか？」「お肉から召し上がりますか？」などです。

例えば、フランスから来たお客様には、料理をコース仕立てで提供すると、お客様の食文化に合わせることができます。

中国では、大皿でいくつもの料理が一度に並べられる食文化です。したがって、「(前菜が提供されている際に)メインやお食事と一緒に召し上がりますか?」などとお声をかけるようにしています。

このように、**相手の文化に合わせた提供をすると、お客様の満足度は上がりやすくなる**でしょう。

## 2 お客様に手厚くおもてなしをする意識を持つ

**自分が海外に行ったときの不安感やプレッシャーを想像してみてください。**お客様がどういう気持ちで日本に来ているかを想像しやすいと思います。

かつて、パリにあるアラン・デュカスのセカンド店に行ったことがあります。フランス料理で給仕する最高長をメートル・ド・テルといいますが、そこのメートトルは俳優のような方でした。

彼のサービスには気づかいやユーモア、そしてキレキレの動きがありました。

頼んだコース料理はボリュームがあり、私が中盤でお腹が苦しくなってきたのを察したのか、彼は「この後の料理は、もしよかったら半分の量にしますか？」と尋ねてくれました。

「様子をしっかり見る＋尋ねる」ことをしていただき、料理を残すことなくおいしく食べることができました。

楽しい会話と、機敏な動き、そしてこちらに配慮した接客という、この上ないサービスを受けた体験でした。


海外の人を接客するのは、言葉の壁も文化の違いもあるので、不安かもしれません。しかし、**同じように相手も不安を持っています。もっと言うと、あなたより不安**だと思います。

それを払拭するために、仮にお客様との共通言語があって話せる場合でも、**手厚い接客をしようと心に決めることが大切**です。

# 3 キレイに言うよりも大切なことは

ほとんど英語も他の言語もできない私が、どうやって言葉の壁を乗り越えてきたかと言うと、簡単な単語と定型文、そしてボディランゲージを使うことです。この方法で、いろいろなお客様とコミュニケーションを取ってきました。

もちろん、お客様の母国語で流暢に話ができるのがいいと思いますが、すべてのお客様に対して母国語で話せるようになるというのは、至難の業です。

それよりも、私は**お客様が何を求めているのかを「尋ねる姿勢」が大事**だと感じています。お客様も伝えようとしてくれるので、言語が乏しい私に難しい言葉は使いません。むしろ、できるだけわかりやすい単語を使って伝えてくれようとします。それでもわからなければ、何度かやりとりをして、お客様が欲しいものが何なのかを理解するようにします。

**我々がすることというのは、日本人のお客様に接するときと同じ**です。ただそれが、1回ですぐに伝わるか、そうでないかの違いだけです。

日本語でも、ニュアンスの違いで伝わらないこともあります。そのとき、「これで合っていますか？」と確認すると思います。それを理解できるまでやるだけです。

難しく考える必要はなく、**お客様が求めているものは何だろうと純粋に知ろうとすればよい**のです。それができると、お客様は求めるものが手に入り、こちらはお客様が求めるものを提供できます。

そこで妥協するかどうかで、お客様の満足度が変わります。**自分も妥協しない、お客様にも妥協させないようにします。**すると、お客様が求めるものに近いものを提供できるでしょう。

私の考えですが、外国語は文法にこだわり過ぎなくてもいいかと思います。それよりも、**聞きたいタイミングで質問することが大事**です。

例えば、水を提供するときに、英語であれば、「With ice or without ice？（氷はいりますか？ いりませんか？）」と前置きなしにシンプルに質問します。失礼ではないかと思うかもしれませんが、そこで聞かない方がずっと失礼です。重要なのは本質の部分です。**「伝えたいこと」を「伝えようとする」ことが、日本人のお客様にも海外のお客様にも大切**だと思います。

その他、どのように伝えたらいいのかわからないときに私がよくするのは、単語のぶつ切りです。これでも意外と伝わるので、聞かないという選択をするよりは、伝えてみるのがいいと思います。もう何の言葉も出てこないとなったときには、言葉でなくジェスチャーでもいいと思います。

一番こわいのは、「何と言っていいかわからないから言わなかった」という結果をつくってしまうことです。これでは、サービスレベルは上がりません。

日本人は他の国の人よりも、文法や定型文に重きを置いたり、こだわったりする性質があると思います。こだわり過ぎて、キレイな文法で伝えようとしていると、タイミングを逃してしまうかもしれません。

**接客はLIVEです。常に本番であることを意識しましょう。**

第3章

# 海外のお客様を集客する

# 4 「日本に来てくれてありがとう」の気持ち

ここまで意識の持ち方や、言語の壁をどう越えるかに関してお話ししました。
今度は、海外のお客様に接するときにどんな気持ちを持つかについてお伝えしたいと思います。

海外のお客様に接するときに、私が持っている気持ちはずばり**「日本に来てくれてありがとう」**の気持ちです。
いろいろな国がある中で、日本に来てくれたことへの感謝、そして日本の中にも無数のお店がある中で、当店を選んでくれたことへの感謝の気持ちです。

私は、面と向かって「日本に来てくれてありがとうございます」とは言いませんが、そのような気持ちを持ってお客様に接しています。もちろん、直接お伝えするのもとてもいいと思います。私の性格上あまり言わないだけで、どちらでも構いません。

来てくださったことへの感謝の想いを乗せて、「日本はどうですか？」「どちらに行きましたか？」「何が楽しかったですか？」などと話します。**声かけや所作、サービスに想いを乗せる**のです。そして、この店に来たことが、日本のいい思い出となればと思って接客します。

お客様の大半は、お店について聞きたいことや、日本について知りたいことがあります。「インターネットで何と検索したら知りたいことが出てくるのかわからない」「どうやって行ったらいいかわからない」などのお客様の悩みに対し、日本人だからわかる日本のことや、細かなことがあると思います。それを伝えられると、お客様の要望に応えることができ、お客様は日本のことを知ることができます。そうしてより日本のことを知ると、さらに興味を持ってくださる方もいらっしゃるでしょう。

以前聞いた話ですが、ある有名なホテルでは、1人のスタッフがお客様におもてなしとして、ここぞというときに使えるコストが20万円ほどあるそうです。しかし、普通はそのような費用があるところはなかなかありません。それならば、**コストをかけ**

**ずに自分で決められるギフトは会話**です。

例えばちょっとしたことですが、私は**お客様がお帰りになる際、お客様の母国語でお礼のあいさつをする**ようにしています。お客様が店を出るまでの間に、最初のやりとりで聞いたお客様の国の言語をインターネットで調べ、帰りに伝えているのです。反応に大小はありますが、どのお客様も驚きながら、喜んでくれていると感じます。

ペラペラと話すことはできなくても、お礼のあいさつを翻訳機能を使って調べ、伝えることはできます。お客様の母国語で話すという行動の裏には、「お客様の国を認めていること、尊重していることを伝えたい」という想いもあります。

私は、海外に行って自分が日本人だとわかったときに、日本語で「こんにちは」と言ってもらえることがとてもうれしいです。**自分がしてもらってうれしいことで、自分ができることをしたい**と思っています。

大きなギフトはできませんが、このような小さなギフトの積み重ねを、接客でしていきたいと考えています。

第３章
海外のお客様を集客する

# 5 海外のお客様へのおもてなし

海外のお客様をおもてなしする方法は、1章、2章で説明したお客様への接客と同じで、お客様の要望に合わせます。

まずは自分が何を提供するのかを考えます。そして、できる限りの準備をします。その際には、まわりのスタッフに相談しながら、**お客様の要望に限りなく近いものを提供しましょう。**

先ほど、料理を例に、提供する方法をお客様の食文化に合わせることをおすすめしました。しかし、日本食が食べたいと思っている方の中には、「日本の風習（流れ）を楽しみたい！」という方も多くいます。その場合は、アラカルトではなく、日本らしい流れが楽しめるコース料理をご提案するとよいでしょう。

また、仕事の出張で日本に来ている方は、仕事でお疲れだったり、ストレスを感じていたりすることもあると思います。普段の食に近いものが食べたいと思っている方もいるでしょう。そのような方には、ヒアリングの上で、アラカルトをおすすめします。

家族旅行でいらっしゃっている場合は、お子様へのサービス提供を真っ先にします。子どもがお腹を空かせていて喜ぶお客様はいないと思います。これは、海外のお客様も日本のお客様も同様です。先にお子様に提供しましょう。

さらに、思想や宗教上の理由でNGな食べ物もあります。宗教上のNGで私が経験したのが、「4つ足の動物」や「アルコール」です。また、「1回でも使用した調理器具や食器での調理、提供はNG」というものもありました。これらの要望に合わせるためには、お客様に説明した上で、新しい調理器具の代金を請求することもあります。

世界には、ヴィーガン（完全菜食主義者）の方や、フルータリアン（果実食主義者）の中でも落ちた実しか食べないという方、ハラールフード（イスラム教で許されているもの）しか口にしないという方もいらっしゃいます。宗教＝信念であるため、NGなものを提供してしまうと、最悪の場合、国同士の問題にもなりかねません。

これらはどれも、**最初に「お客様からヒアリングをする＝お客様の要望をしっかり聞く」ことが大事**です。そして、できる限りNGにならない方法を考えます。

鉄板焼の場合は、お客様の目の前で調理をするため、使っているものや食材、調味料などを見せることができ、そういった意味でもお客様にとって安心、安全を提供しやすい環境です。要望に対するこちらの対応を目の前で見てもらいます。

これを応用すると、鉄板焼でなくても、**食材などを事前にお見せして確認を取り、調理することで、お客様の信頼を得ることができる**でしょう。

新品の調理器具を用意するなど、要望によっては、かなり時間がかかるものもあります。その場合は、準備する時間が必要であることも先に伝えましょう。

もし要望に応えられない場合は、予約の段階や、話が来た時点でお断りをします。**できないことははっきりと伝えておかないと、お客様が一番困る**からです。後に大きなトラブルにもなりかねません。

第３章

海外のお客様を集客する

# 6 お客様の母国よりも居心地のよい空間をつくる

私がシンガポールに初めて行ったときの話です。

アテンドしてくれた方にフルーツが好きだと話すと、リトル・インディアに行こうとなり、そこにあるお店に行きました。

外で食べることができるテーブルがあったので、食べていきたい旨をお店の方に伝えました。すると、ただ持ってきてくれるだけでなく、目の前でカットし、私の手が汚れないように剥いてくれました。

さらに、いろいろなフルーツを食べてみたいという想いに応えてくれ、5、6種類のフルーツを少量ずつ用意してくれました。

お店の方の話し方や醸し出す雰囲気から要望が何でも言いやすく、海外であることを忘れるほど居心地がよいと感じた時間でした。

お店の方は、「シンガポールにあるいろいろなフルーツを食べてみたい」という私の本当の想いを理解し、サービスを提供してくれました。

そして、私の方は、最初の購入時に店員さんとコミュニケーションが取りやすいとわかったことが、その後の居心地のよさに繋がりました。

お客様の居心地のよさをつくるポイントは、**「スタッフに質問しやすい、話しかけやすい」「自分の求めるものが手に入る」**場所だということを、**「お客様が滞在している間のなるべく早いうちに気づいてもらうこと」**です。それができれば、お客様は不安で困る時間が少なくなり、その場で心置きなく過ごすことができるでしょう。

そのことに早く気づいてもらうには、**我々からコミュニケーションを取り、質問しやすい、話しかけやすい店だということをアピールすること**です。

我々からコミュニケーションを取るための話題としては、「どのくらい日本に滞在していますか?」「当店をどちらで知ったのですか?」などから始めてみてください。

海外のお客様は、次に来店してもらえるのがいつかわかりません。**「次のチャンスはない」と思って、今このときに全力で接してください。**

お客様の母国よりも、スタッフに声がかけやすいと思ってもらえるような環境をつくりましょう。

退店した後のお客様同士の話で、「いい意味で外国に来た感じがしなかったね」と笑顔で話してもらえるようなお店にできたら最高です。

# 7 海外のお客様を集客する

海外のお客様の来店を増やすためには、**店のホームページやInstagramで海外のお客様向けの表記をつくること**です。

例えば、英語の表記をつくる場合は、まずは店のホームページの説明文や予約フォームを英語にします。次に、英語表記のInstagramをつくります。

集客の窓口である媒体でオススメなのは、店舗営業の場合は断然Instagramです。写真やリールを使って、店のサービス内容がわかるようにしましょう。商品の紹介を、頻度を決めて更新することで、新規のお客様も獲得しやすくなります。

他言語の場合も同じです。また、もし複数の表記をつくることが可能なら、自分の店がどこの国や言語の人をターゲットにするのか、決めてからつくりましょう。

**まずは、お客様向けの表記をつくる、次に広告を打つ、**という流れで動きます。

また、**広告を打つ前に、広告の効果が最大になるよう、事前の準備をしておきましょう。**広告が当たって海外のお客様が来店されたときに、お客様やお客様のまわりの人が、リピートできるような仕組みづくりです。

それには、これまでお伝えしたように、相手の要望に合わせたサービスを提供することです。そうすることで、リピートしやすいお店となります。

**海外のお客様でも、長期的に見ると、集客に一番効果があるのは口コミ**です。

例えば、食文化や宗教上の決まりのために要望がなかなか叶えられなかったお客様が、あなたのお店で、求めるサービスを受けられたとします。そのうれしい記憶は、帰国してからのよい口コミとなります。日本に行く友人に、いい思い出があるお店を紹介するのは、自然な流れです。お客様に寄り添う接客をすることで、リアルな口コミから新しいお客様に来店してもらえます。

もう1つがインターネット上の口コミです。

海外のお客様を集客するには、現在ではこれがもっとも効果的だと私は思います。

次項で、インターネット上の口コミについて詳しくお話しします。

# 第3章

## 海外のお客様を集客する

# 8 口コミを書いてもらうことが集客の近道

インターネット上の口コミは、Googleか、飲食店や宿泊施設の場合には、トリップアドバイザーがオススメです。

口コミをお願いするには、ポップやチラシにQRコードをつけておきましょう。それだけでも書いてくれる方もいるかもしれませんが、**お客様にその場で直接お願いするのが、一番効果的で成果に繋がりやすい**です。

では、いつどのようにお願いするのがよいかと言うと、お客様がメインを食べ終えたタイミングや、食事を終えたタイミングで、スタッフからお客様へ直接、お願いしてみましょう。**アクションを起こすことが大切**です。言葉が通じなければ、Googleトランスレートなどでコミュニケーションを取ってもいいと思います。

飲食店以外のサービス業では、お客様がサービスを受けて一息ついているときです。

お会計の前の時間などがよいでしょう。

口コミを書いてもらえたら、その場で還元できるサービスを提供しましょう。飲食店ならドリンクやデザート、サロンならトリートメントやオイルなどの500円引き券などです。次回以降に使用できるものは日本のお客様向けです。**海外のお客様に対してはその場で使えるものや、場合によってはお土産をお渡しします。**

私がコンサルティングをしているあるお店は、目標がとても高く、Googleの口コミ数は1000件、☆は4・8を目指して取り組んでいました。それもコロナ禍から始めて、1年以上かけてお客様にお願いしていました。その行動が実り、次のクリスマスの営業はインバウンドだけで、前年度の6倍の売上となりました。

海外のお客様に広告で来ていただき、Googleの口コミを書いてもらいます。その口コミをためていくことによって、特に☆4・5を超えたあたりから、口コミを見て来店してくれるお客様が急激に増えたそうです。**お客様の口コミがたまることによって未来のお客様を獲得することができる**のです。この連携が大事です。

## 9 自分たちのお客様はどこにいるのかを探る

ホームページを変えたり、Instagramをつくったりした後は、まだ見ぬお客様がどこにいるのかを探しに行くのはどうでしょうか?

**海外のお客様が多い場所に行ってみましょう。**何をしに行くかと言うと、そこのスタッフの方と仲良くなって、あなたのお店のサービスを紹介してもらいます。

詳しく説明します。

まずは、リサーチです。同じ地域で、海外のお客様がいる場所やお店、ホテルを調べます。ポイントは、**自分が提供しているサービスと同じようなターゲット層がいるところを選ぶこと。**価格やサービス内容を調べ、あなたのお店に近いようなところを選びましょう。

次に、実際にそこのお店に行ってみます。

そして、**スタッフの方と仲良くなりましょう。その上で、そこにいるお客様にあなたのお店を紹介してもらえるように話をします。**

交渉する際は、私もこちらのお店を紹介するので、自分の店を紹介してもらえないか、という提案の仕方がよいかと思います。

私が鉄板焼店に勤務していた際にも、お客様に「ここ以外にも、いい鉄板焼はない?」と聞かれることもありました。私は、喜んで都内のオススメの鉄板焼店を答えていました。

業界のセオリーでは、同じ地域の同じ業態のお店を答えるのはNGと考える人もいます。しかし私は、自分の働いている店に自信があったということと、お客様の質問に応えたいという気持ちから、答えていました。

例えばあなたのお店がイタリアンだとすると、同じイタリアンレストランのお店に紹介してほしいというのは、なかなか難しいかもしれません。しかし、**他の業態なら直接のライバルにはならないので、よい**のではないでしょうか。

お客様は、同じような価格帯のお店に行く方が多いです。**お店同士、お互いに紹介し合う仲になると、よい口コミになりますし、集客という面で強い**です。

私がコンサルティングをしているお店では、この方法でホテルに紹介してもらいに行ったとき、コンシェルジュの方が、紹介できるお店を探していたところだと言っていたそうです。

全員がそういう考えではないかもしれませんが、コンシェルジュという職業柄、お客様から尋ねられた際に紹介できるお店があるというのは、大切なことだと思います。

私も鉄板焼店で働いていたときに、お客様からオススメのお店を尋ねられたのは、一度や二度ではありません。**各分野、それぞれの業態で、自分が自信を持っておすすめできるお店が欲しいと常々思っています。**

ぜひあなたと同じ地域で、同じようなお客様がいるところに行ってみてください。そしてそのお店の方と仲良くなり、お互いに紹介し合いましょう。

第3章

海外のお客様を集客する

ファンをつくる

# 接客術

第1章
接客は最高のツール

第2章
お客様がリピートしやすい店づくり

第3章
海外のお客様を集客する

第4章
## 売上を上げる7つのこと

いまここ

第5章
自分だけのオリジナルサービスをつくる

# 第4章

# 売上を上げる7つのこと

# 1 目が覚める朝礼をする

あなたの職場に、朝礼はありますか？

必ずしも朝礼という名前ではなく、ミーティングやブリーフィングなど、いろいろな呼び方があると思いますが、**みんなで集まって確認事項を共有する時間を持つことは大切**です。これが売上を上げる1つ目の方法です。

毎日のことなので、何気なく朝礼をしている人も多いかもしれません。しかし実は、朝礼こそが、売上を上げるためには必須なのです。

朝礼をすることで、必要事項を確認し、漏れを防ぐことができます。そして、お客様の最新の情報を知ることで、今日の来店時におすすめするもののもわかります。

ここで朝礼をしている2つのお店を紹介します。自分の店舗でしている朝礼と比較していただき、参考になるところがあれば取り入れてみてください。

まず1つ目は、私が働いていた鉄板焼店です。ブリーフィングをランチとディナーの間に実施していました。調理場・サービスの全員が出席します。休憩を取っているスタッフには、休憩帰りに共有していました。

共有していた内容は、以下です。

①前日の売上、前日のお客様人数、前日までの月間売上の確認
②今月の売上に対して、現在どのくらいかの把握
③ランチの売上、入客、コンプレイン（お客様の感情的な不平や不満の苦情）の確認
④ディナーの人数、組数、お客様情報（アレルギー、苦手なもの、利用目的、お客様の要望、前回の対応、前回までのクレームなど）の確認
⑤その他、みんなから共有したいこと、新しい商品やサービス、衛生面や体調の確認
⑥そのシーズンの話や気をつけることの共有

**ブリーフィングでお客様情報を共有することで、気をつけることは何かがわかります。**そして、商品やサービスの提案がしやすくなります。

リピートのお客様は、お客様情報（好き、嫌い、アレルギー、特徴、過去のコンプレインやクレームなど）を共有することで初めて、今日何を提供したらよいのかがわかります。

また、初めて来店するお客様が、生野菜が苦手だという共有がある場合。「確認ですが、○○様は生野菜が苦手だと思うのですが、焼いたり、火を入れたりしたものは大丈夫ですか？」と実際に、お客様に確認します。情報が変わっていることもあるので、お客様に直接確認することが必要です。違えば、その都度情報を更新します。特別な日や、誕生日、記念日ということを知っていれば、それに合わせたプレゼント、プレートやメッセージカードを準備します。

2つ目は、私がコンサルティングをしているお店です。

通常はディナー営業のみのお店なので、出勤して掃除をした後、夕方に朝礼をします。こちらでは、先にお伝えしたような確認の他に、声出しをしています。

内容はこのようなものです。

①自分自身の声が出ているかの確認
②他のスタッフの声が出ているかの確認
③スタッフそれぞれの今日の目標の発表
④会報誌の今日の1フレーズの読み上げ
⑤パフォーマンスの準備運動（パフォーマンスが売りのお店なので、大きな声で声をかけたり、ジャンプをしたりして、準備運動をする）

これらは、すべて今日1日、自分が輝くためです。

また、**チームの士気を上げることや、スタッフの体調を把握することも、朝礼をする大事な要素**です。スタッフが元気であることが、キレのある動きやいいサービス提供に繋がります。

目が覚めるような朝礼をして情報をみんなで共有し、お客様に寄り添ったサービスをすることで、売上を上げることができます。

# 2 追加の注文を伺う

売上を上げる2つ目の方法は、非常にシンプルですが、**追加を取るテクニックを磨くこと**です。

お客様と会話をするのは、売上をつくるためでもあります。**追加の注文は、後半になると取りづらいので、早めに伺うのがポイント**です。お客様の滞在枠が決まっているところや、時間制のところはなおさらです。

飲食店であれば、お腹がいっぱいのタイミングではなかなか追加はされません。

私は、お客様が乾杯された後、食が進み始めたタイミングで、「今日はこの後に〇〇とデザートをご用意しています」と伝えた上で、「お客様のお好みですと、こちらなどはいかがですか?」とお客様に合わせてご提案していました。

**あらかじめ自分の中で、だいたいどのタイミングで追加を伺うかを決めると、自分**

**の接客のリズムができます。**

お酒が好きな方が2名以上でいらっしゃる場合。シャンパン1杯の後にワインを召し上がるようなら、グラスではなくボトルをすすめます。お客様もグラス売りのメニュー（種類が少ないもの）から選ぶのではなく、ワインリスト（種類が多いもの）から選ぶことができるので、ワイン好きの方には特に喜ばれます。そして、売上にも繋がります。お酒の話題を振って、次の1杯に繋げるのも手です。

また、お客様の滞在時間とドリンクの量は比例します。レストランやバー、居酒屋などでお客様の滞在時間が1時間の場合、一般的な量をお召し上がりになる方なら1〜3杯、2時間ならその倍ぐらいが目安です。

例えば、1杯頼むと○時間滞在できるという時間制のカフェがあります。その場合、メニューを持って、ホールをまわります。もう少しで飲み物がなくなりそうなお客様に、「2杯目はいかがですか？」とメニューをお渡しします。それだけで、何杯か追加の注文が取れると思います。

土日祝日で混んでいたり、人手不足で対応が難しかったりすれば、平日に工夫して試してみましょう。

私がコンサルティングをしているお店で、コース料理のみの焼肉屋があります。肉や野菜の追加は可能であるため、最初にお話ししたように、お腹がいっぱいになる前に追加をお伺いします。目安としては、コースの肉が残り2／3ぐらいになったところで伺うようにしています。そうすると、お客様はまだお腹に余裕があるので、追加で肉や野菜をご注文いただけることが多いです。

**ここで大事なのが、どなたに伺うか**です。

お支払いをされそうな方や、食欲がある方、そして、わがままが言えそうな方などに尋ねてみましょう。誰かれ構わず聞くより、このような方々に伺うと、追加の確率はどんどん上がります。

**大きな売上をつくろうとするよりも、ドリンク1杯、アラカルト1つの積み重ねが、長期的スパンで見たときに確かな売上アップをつくります。**お客様の様子を見ながら小さなジャブを打ち続けることが、売上アップの本当の近道です。

第4章
# 売上を上げる7つのこと

# 3　接客中に売上アップを散りばめる

売上を上げる3つ目の方法は、**お客様を接客している間に売上アップを散りばめること**です。

先ほどの追加注文もそうですが、あなたの力でお客様に「これを試したいな」「あれも食べたいな」「誰かと来たいな」という気持ちを、具体的に想起させましょう。

最初のドリンクの注文を受け付けた際、一拍おいて、「こちらのお飲み物ですと、○○も合うと思います。もしよろしければぜひ」のような形で伝えると、お客様はその料理を検討してくださるでしょう。

商品やサービスの紹介時間を、短くてもいいので、要所要所で入れていきましょう。

以前はワゴンサービスという名称でしたが、お客様に食材やボトルを直接お見せして紹介する方法もあります。**目の前にそのものがあると、お客様は具体的に欲しいかどうかを考えやすいのでオススメ**です。

写真を撮っていただいたり、ＳＮＳアップを促したりすると拡散にも繋がります。

やりとりをするごとに、お客様との距離が徐々に近づいていきます。

ですが、こういったことをあまりされたくないお客様や、追加などは自分からしたいお客様もいらっしゃいます。一度説明したり追加を伺ったりした後に、反応があまりよくないようなら、次はしない方がいいでしょう。お客様の表情を見ながら試してみてください。

万が一押し過ぎてお客様が引き気味になってしまった場合に備え、**別の話題も用意しておくとよい**でしょう。すぐに切り替えることが肝心です。切り替えの際の話題を持っておくことで、安心安全にお客様にすすめることができます。

シーズン商品の販売の場合、**小さめサイズでお試しができると、商品購入に近づきやすくなります。**

例えば、クリスマスシーズンにシュトーレンを販売しているお店の場合。スライスしたものを少額で食べられると、お客様が気に入れば商品購入にも繋がります。

このように、さまざまな場面に売上アップを散りばめます。

また、会話以外でも、売上アップをつくることができます。

**〈例①〉お酒やビールをお店に陳列している場合**

フードのメニューを横に添えます。「このお酒には、この料理が合うのでオススメ」といった紹介文が入ると、その料理を検討してもらいやすくなります。

**〈例②〉1人や2人で来店するイメージの強いお店の場合**

テーブルやレジに家族が載っているイラストや写真のPOPを飾ります。「家族で来ても楽しい」などの文字が入ると、家族で来ることも想起させます。

寄り添う接客をすることで、お客様から信頼していただけると、シチュエーションによって、誰かを連れて来たくなることもあると思います。

**お客様との会話で、お客様が誰かを連れて来たくなるようにしましょう。**

「いつどなたといらしていただいても大丈夫です」という姿勢を見せると、お客様はより一緒に来やすいと思います。

それには、お客様と向き合うことで人間関係をつくることです。何人で来ても、どんなときに来ても、ここは居心地がよいお店だと思ってもらえると最高です。

これらはほんの一例です。これらを参考にしながら、いろいろと試してみてください。試した中で、自分はどれだとヒットしやすいのか、売上アップがしやすいのかがわかってくれば、それをいろいろなお客様に実施してみましょう。

**自分のヒットポイントがわかると結果も出て、自信になります。**それをベースに、どんどんと効果的なものを足していくのがよいでしょう。

# 4 お客様が本当に欲しいものを提供する

売上を上げる4つ目の方法は、**お客様が欲しいものを提供すること**です。

そのためには、**お客様の「好き」を積極的に聞くこと**です。

お客様の「好き」を聞くために、私はこのようにしています。

**お客様が注文する**

**←**

**注文内容から相手の「好き」を想像する**

**←**

**質問する**

例えば、ピザと、チーズが入ったパスタを注文したお客様には、こう尋ねます。

「お客様はチーズがお好きですか？」
「はい、そうなんです」
「チーズがお好みでしたら、○○がオススメですよ」

今回すすめたものが注文に結びつかなくても、次回来店した際に食べてみようと、少しでも思ってもらえたらＯＫです。リピートに繋げることができます。**お客様の「好き」を聞くことは、お客様の楽しい感情を生みます。**積極的に「好き」を聞いてみましょう。

そして、**お客様の欲しいものを提供しましょう。**お客様の「好き」を聞いたので、そこからお客様の欲しいものを提供します。

ポイントは、店にとって利益の大きい高額なものをすすめるのではなく、**あくまでお客様の「好き」に合わせたものを伝えること**です。目の前の短期的な売上アップではなく、長期的な視点で、お客様が通いたくなる店づくりをしましょう。

オススメ商品を提案するときに、「お客様が本当に望んでいるものなのかどうか」という観点でお客様の表情を見ます。商品やサービスの紹介はしますが、押し過ぎてはいけません。マイナスの印象になってしまうからです。これは、お客様がどう思っているかを知る勇気がないうちはすすめない方がいいほど、大切なことです。

覚えておいてほしいのは、お客様は高額なものを買いたくないわけでも、安いから欲しがるわけでもないということです。高くても欲しければ買いますし、安くてもいらないものはいりません。**表情を見て、お客様が本当に欲しがっているのか、そうでないのかを察しましょう。**

お店によっては、割引をしてでも商品やサービスを提供しようとするケースもあるかもしれません。しかし、基本的には、ディスカウントする手段は取らない方がよいでしょう。お客様の中には、サービス価格が合わない方もいます。その方に無理に購入してもらって後悔されるよりも、難なく購入できる方に購入していただきましょう。

お客様の顔色を見てディスカウントするのではなく、**サービス内容に見合った適正価格で提供することが、よいお店の未来をつくります。**

お客様が「好き」で「本当に欲しいもの」を提供してください。

第４章
売上を上げる7つのこと

# 5 店の1席がいくらかを知る

あなたは、「この席はいったいいくらだろう」と考えたことはありますか？
売上を上げる5つ目の方法は、**自分の店舗の1席がいくらぐらいかを知ること**です。

お店で今月の目標売上がいくら、年間でいくら、ということを掲げていますか？
もしくは本部や店長から聞いていますか？
もし知らないようであれば、上の人に聞いてみましょう。

目標売上がわかったら、1席あたりの金額を出してみましょう。

例えば、ディナー営業のみの飲食店の場合。
1ヶ月の目標売上が500万円で営業日が30日とします。

まずは、目標売上を営業日で割ります。

500（万）÷30＝16・666…（万）わかりやすく切り捨てると、1日16万円です。

これを店の座席数で割ります。席が20席だとすると

16（万）÷20＝0・8（万）つまり、8000円です。

これで、1席あたりの金額が出ました。

目標に到達するには、1日1席8000円を生み出す必要があります。

さらに、営業日が全席満席のお店は稀です。埋まっていない席があった場合、1席あたりの金額はもっと上がります。席が半分くらいしか埋まらなければ、1席あたりの金額は倍の1万6000円になります。

これを使って、自分の店舗の金額を出してみましょう。

**金額を出して、いくら売上をつくる必要があるかわかったら、次は具体的にどうするかというように考えます。**

ドリンクを増やす、コース料理のグレードアップを増やす、アラカルトを増やす、物販を増やす　etc...

**目標の売上を達成するために、今月は1席でいくら売上をつくる必要があるかを知っておきましょう。**

まずは自分の店舗で考え、慣れてきたら、どこか他のお店に行ったときに、ここのお店はだいたいどのくらいなのか、ということを考えてみてもいいでしょう。

私はお店に行った際には、これを考えることが習慣化しています。

これがわかると、今月はあとどのくらいで目標を達成できるのかが明確になります。それを、朝礼で共有しましょう。

**つくるべき売上をきちんと意識した上で営業に入ると、売上もアップしやすい**です。

# 6 お客様と会話をする

売上を上げる6つ目の方法は、**お客様への声かけをすること**です。

ここまで、声をかけることでお客様の居心地がよくなり、お客様に喜んでもらえる、というお話をしてきました。

それだけではなく、**我々が会話をすることによって、売上ダウンを防ぐことができます。**

例えば、私がマッサージ店に行ったときの話です。

首の凝りによるひどい痛みでお店に駆け込みました。痛みがひどいことを伝えると、どうやら痛みの原因は首ではなく腰にあることがわかったようで、「首の痛みの原因が腰にあるので、腰からマッサージをしますね」と声をかけてくれました。

私は納得しながら、気持ちよく腰からのマッサージを受けることができました。

このような場合に、首だけをマッサージすると、もしかしたらお客様は満足されるかもしれませんが、根本の改善にはなりません。また、声かけなしで原因である腰をマッサージしても、その理由をお伝えしないと、お客様は不安や不信感を感じるでしょう。痛みの原因、理由を伝えた上で施術をすることで、お客様の安心感や納得感に繋がります。

私は、このマッサージによって体調もよくなり、またここにお世話になろうと思いました。

声かけがいかに重要かを再認識した瞬間でした。

このように**お客様に声をかけることで、お客様の不安や心配、不信感を解消することができます。同時に、再訪したいという気持ちをつくります。**次のリピートを想起させるということは、未来の売上をつくるということです。

こういったこともありました。

**丁寧な会話をすることで、お客様の怒りを収めることもできます。**

あるとき、スタッフが粗相をしてしまったことが原因で、常連のお客様が激怒し、「警察を呼ぶ」という大クレームとなりました。料理長やマネージャー、私が中心に謝罪し、閉店した後も、お客様からのお叱りを受け続けることとなりました。お客様が許せないと思うことをしてしまったときに、代金をいただかないというだけでは解決できません。このようなときは、やはり会話で解決します。

まずはお客様が何に怒っているのかを知り、それに対してきちんと謝罪します。そして、改善する旨を伝えます。

先ほどのお客様もとても怒っていらっしゃいましたが、何時間もコミュニケーションを取ることで怒りは収まり、次第に仲良くなり、次も来店してくださいました。

**会話をすることで、お客様が居心地のよいお店を失うのを防ぐこともできます。そして、お客様の不満や不快を減らし、悪い口コミも防ぎます。**

このようにして次のリピートをつくり、売上を上げていきましょう。

# 7 継続に勝るものはなし

売上を上げる方法をいろいろとお伝えしてきましたが、最後の７つ目の方法は**継続することです**。私はこれがもっとも重要なことだと考えています。

今までお伝えしてきた方法も、他の方法も、継続しなければ、1回の売上をつくるだけとなり、一度きりのことで終わってしまいます。**それらを継続させてこそ、安定的に売上が上がる**のです。

これまでの中に、自分が気をつけたいと思ったことがあった方は、それを続けてみてください。そうすることで、継続的に売上をつくることができるかもしれません。

どのように継続するかをお伝えします。

## ロジックツリー

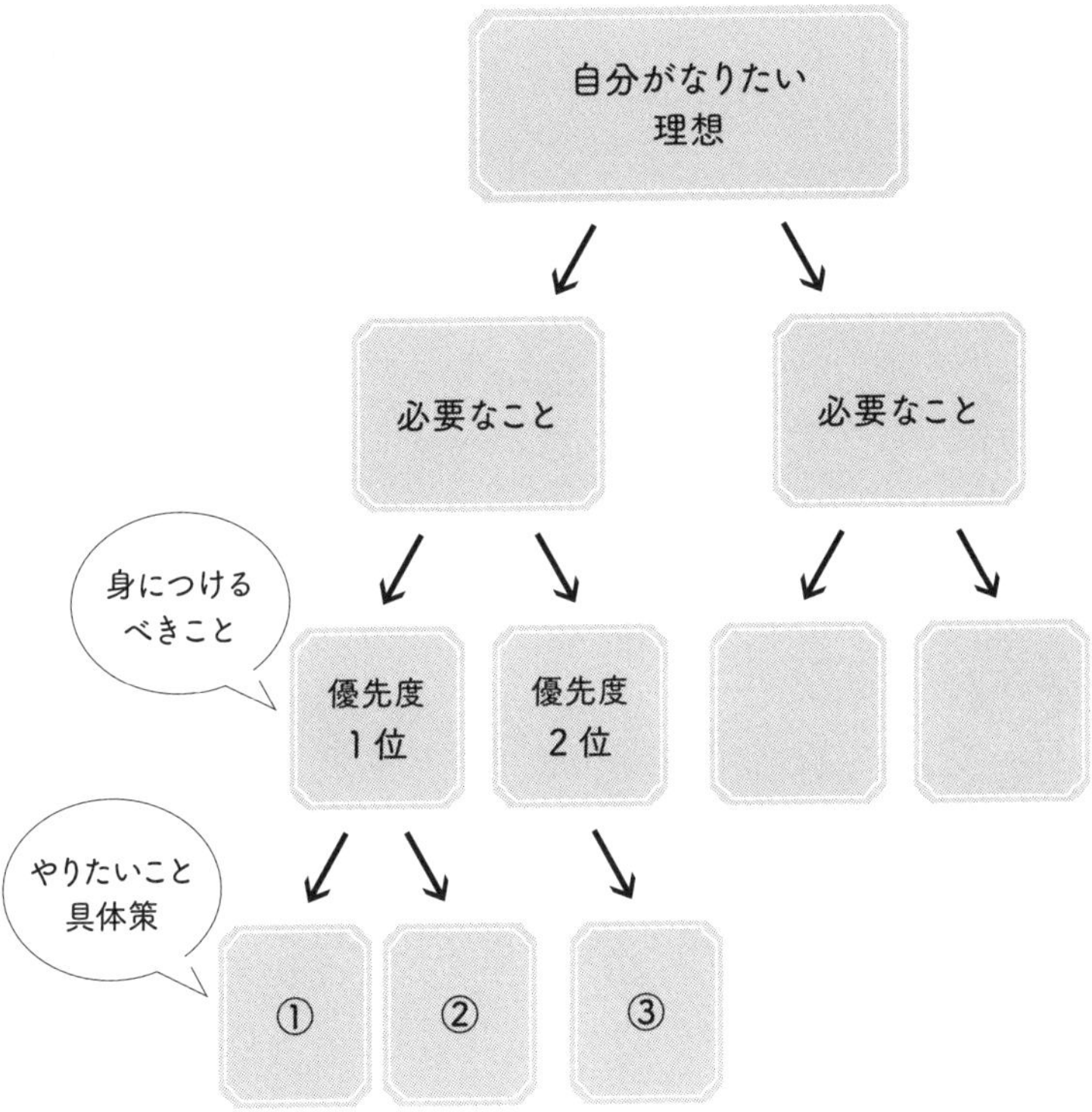
自分がなりたい
理想
必要なこと
必要なこと
身につける
べきこと
優先度
1位
優先度
2位
やりたいこと
具体策
①
②
③

このロジックツリーを使って、どのように考えるかを説明したいと思います。

**ロジックツリーとは、ある事柄に対して問題や原因など、その事柄を構成している要素をツリー状に書き出すことで、解決策を導き出すもの**です。

ロジックツリーで考える方法は、『リピート率80％ 心をつかむ接客術』P83に書きましたので、詳しく知りたい方は、読んでみてください。

STEP ①　今まで取り組んでいなかったことでやりたいと思うものや、自分がなりたい姿になるために必要なことは何か、考えましょう。

STEP ②　これを身につけるために何をするかを決めましょう。

決める際に重要なのは、自分の中で優先順位をつけ、もっとも優先度の高いものから始めることです（**優先度①**）。

**決めたこと①**を、短くても2週間は続けましょう。できれば1ヶ月できるといいです。この際の注意点は、**続けている間に他のことを思いついてやりたくなっても、新**

**しいことを始めずに最初に決めたことをやる、**ということです。

STEP ③-A **決めたこと①**を1ヶ月のうちにちゃんとできるようになれば、**優先度2番目のやりたいこと③**をやります。

STEP ③-B **決めたこと①**を1ヶ月やってみた結果、これをやってみたらいいいんじゃないかと思ったことがあれば、今度は②を考えて1ヶ月やってみます。

自分で達成感を感じられるとやる気が出る人は、**実践前の状況を文章にしたりボイスメモや動画に撮ったりして残しておき、1ヶ月後に見たり聞いたりしてみるのもよい**でしょう。自分がどれだけ成長したかを実感すると思います。

このように、自分ができるようになりたいことを一定期間継続することによって、確実に力がつき、自分の実力と魅力とともに、売上も上がります。

ファンをつくる

# 接客術

第1章
接客は最高のツール

第2章
お客様がリピートしやすい店づくり

第3章
海外のお客様を集客する

第4章
売上を上げる7つのこと

第5章
自分だけのオリジナルサービスをつくる

いまここ

# 第5章

# 自分だけのオリジナルサービスをつくる

# 1 自分のチャンスやターンを逃さない

それでは、最後の章に参りましょう。

**自分なりにお客様に寄り添うサービスを提供しながらあなたの魅力を高め、自分にファンがつくためには、どうすればよいのか**を考えていきましょう。

質問から始めたいと思います。

あなたが仕事で力を入れる瞬間とは、どんな瞬間ですか？

私の場合は、チャンスが来たときに、力を入れるようにしています。

チャンスというのは、なりたい自分に近づけるときや、自分が欲しいと思ったもの・状態や時間を得ることができるときなど、人によって少し違うでしょう。

人との関係に関しても、チャンスが来たときに力を入れています。

人とのやりとりでは、チャンスというより、自分のターン（番）と言った方がわかりやすいでしょうか。お客様とのやりとり、スタッフとのやりとり、上層部とのやりとり、プライベートでのやりとりで、自分のターンが来たときに力を入れます。

そのターンが来たときに、そこで何を言うのか、何をするのか、です。

お客様との会話を例に挙げます。

〈例①〉たくさんのお客様がいて、お客様と自由にコミュニケーションが取れない場面があると思います。お客様Aさんと話そうと思ったその時に、1分だけ話せるなら、その1分間はAさんとコミュニケーションを取ることに全力投球します。

〈例②〉マシンガントークのお客様Bさんに、こちらから話をしたいことがあるけれど、なかなか入る隙間がないことがあるでしょう。そんなときは、自分のターンが来るのを待ちます。Bさんが水を飲む瞬間や、話が途切れる瞬間がねらい目です。その時が来たら、こちらが言いたいことを伝えます。

私の経験談ですが、**自分のターンやチャンスというのは、待っていると必ず来ます。どれだけ辛抱強く待てるかということも、チャンスをつかむのには重要**です。

そして、いざその時が来たとき、自分の力がどのくらい出せるかが、その後の結果に関わってきます。**ポイントは、するべきことや言うべきことを、できるだけ詳細に決めておくこと**です。

そのために、日々の努力をして、実際に自分のターンやチャンスが来たときに、きちんとつかめる状態にしておくことです。

もう1つお伝えしたいのは、**「チャンスをチャンスだと思うこと」の大切さ**についてです。

今思えば私が20代の頃、大きなチャンスを逃した経験が何度かありました。そのときはチャンスかどうかよくわからずに曖昧にしてしまい、手から滑り落ちてしまいました。わかりやすいもの以外は、チャンスかチャンスでないかがわかりません。

ですので、特別嫌なことでなければ、**どのようなことでもチャンスだと思い込んで、全力でやってみましょう。**そうすると、自分が成長し、まわりの評価が上がります。

これができると、新しいチャンスが来る可能性がどんどん上がるでしょう。

# 第5章
# 自分だけのオリジナルサービスをつくる

## 2 プロフェッショナルとして取り組む

次は、一流ということについて考えていきましょう。

プロとは、プロフェッショナルの略ですが、プロフェッショナルとして働くことに関して、少し考えてみます。

プロとして仕事をするということには、こういったことが考えられます。

「ある物事に対して真剣に時間を割いている」
「ある物事で生計を立てている」
「自分の感情に左右されずにある物事ができる」

この中で、「ある物事に対して真剣に時間を割く」ために、どのようにする必要があるのかを見ていきましょう。

まずは、感情を抜きにしてその物事を考える必要があります。自分の感情が入ると、どうしても偏るからです。

そして、自分がやろうとしていることが、他と比べて本当によいかどうかを比較します。比較すると、真に足りないところが見つかります。

見つけたら、今は捨てると決めたものはやりません。自分の得意分野や自分が身に付けたいことを総合して、優先度の高いものからやっていきます。

それを日々繰り返し、常に更新します。

**きちんとやろうと思えば思うほど、しようとすればするほど、本当に難しい**です。

プロの中で、一流と呼ばれる人たちがいます。

五角形の評価である、レーダーチャートをご存知ですか?

一流とは、レーダーチャートがすべての面で、アベレージがその他のプロより高いレベルにあります。もしくは、五角形の中で1つが突き抜けている一点突破型の人もいるでしょう。五角形の中で、2〜3個が非常に高いという人もいると思います。

一流の人は、「ある物事に対して真剣に時間を割く」動きが身についています。それをたくさん繰り返した人とも言えると思います。

**感情を抜きにして自分を見つめ、自分の弱点をたくさん見つけましょう。**

見つけたらロジックツリーを使い、優先度の高いものから、どうしたら改善できるのかを考えてやってみましょう。その際には継続が大事です。

これが、一流になる1つの方法です。

# 3 上のポジションの視点を持つ

ここからは、私がしてきた思考法をお伝えします。あなたが責任者になったり、自分の店を持ったりするときに、かなり役に立つのではないかと思います。

それは、**今のポジションから1つ上のポジションになったと想定して考えてみること**です。視点の変化が、あなたの成長の追い風になります。

スタッフとして働いている方は、上司のポジションになった視点で、店舗のことや、営業のこと、スタッフのことを考えてみましょう。マネージャーをしている方は、店長やエリアマネージャーの視点で、部長や執行役員の方は、経営者やオーナーの視点で、それぞれ考えてみます。

視点を変えるだけで、どう動けばいいのか、どう対処する必要があるのか、どう考えていけばいいのか、今までとはガラッと変わるのではないでしょうか。

私は、鉄板焼店に勤務していたときにこれを実践し、自分の成長にとても役立ったと実感しています。言わば、想像を使った疑似体験です。

これをすると、上司の考えていることが想像できるようになったり、お客様やスタッフに対する言葉かけが変わってきたり、以前よりお客様の評価や売上を気にするようになったりと、**店舗に関することを俯瞰して見られるようになる**と思います。

現実にそのポジションに就くのとは違うとは思いますが、思考という面においては、特に早く成長できるでしょう。

さらに、**実際に1つ上のポジションに就いた際には、ある程度スムーズに動くことができる**と思います。

そして、そのポジションに慣れてきたら、今度はその上のポジションの視点を持つ努力をしてみてください。すると、二段飛ばしぐらいで成長できるはずです。

**「プレーヤーのときから経営者の視点を持つ」。**

これをしておくと、いきなり昇進したときも、自分が店を持つようなときも、心理的ハードルはぐっと下がり、自信を持って始められると思います。

# 第５章
# 自分だけのオリジナルサービスをつくる

# 4 自分だけのオリジナルサービスをつくる

ここまで、いろいろとお話ししてきましたが、そろそろ最終工程です。
ファンをつくるために動いていきましょう。それでは、参ります。

**選ばれる人になるには、人と差別化できるものがあることが必要**です。
そして、**あなただけのオリジナルサービスをつくるためには、自分の武器を知ることが重要**になります。

まず、私がどのように自分の武器を見つけて、磨いてきたのかをお話しします。

私は、もともと会話をこわいと思うような人間です。
それは、お客様のことをたくさん見てきた中で、相手が考えていることが表情で大体わかってしまうということも、理由の1つにあると思います。表情というのは非言語で、かなり多くのことを知ることができます。

会話をこわいと思うのは、仕事でもプライベートでも同じですが、特にプライベートでこわいと感じます。仕事では知識や経験の積み重ねにより慣れてきたものの、プライベートでは気にし過ぎるところが抜けないからです。友人と会う際も、会う前は緊張します。

このことを、本書を作るにあたってご協力いただいた礒田さんに話した際、「そのような繊細さがあるから、相手の表情や言葉から感情を読みとれるのではないか」と仰ってもらえました。そして、「他の人では見逃してしまうような相手の所作等にも気づくことができるからこそ、リピートしてくれるお客様が増えるのではないか」と話してくれました。

このように、**一見マイナスのような私の特徴も、気づかないうちに自分の武器にしていました。**

その他、私が仕事で関わった人の例も挙げると、お店の環境は好きだけれど考えが合わず、強く言われることが嫌で辞めたいと思っていたスタッフがいました。

そのスタッフは、自分はネガティブな陰キャラであるという認識でいたため、その部分に引け目を感じ、考え方が合わないと感じていたようです。

しかしあるとき、まわりのスタッフが陽キャラばかりの職場のため、陰キャラの自分がいることで、かえってバランスが取れると感じたと言います。

そして、自分の強みを発見できた今では、自分の特徴を活かして働いています。

彼も、自分の特徴を武器に変えた1人です。一見ネガティブな部分も、見方を変えると強みになるので、それらを組み合わせて自分だけの武器にします。

このように、**自分の強みや個性、特徴を理解し、どうすると自分がもっと輝けるのかを知りましょう。**

自分の特徴などは、自分だけだとわからないこともあるかもしれないので、同僚や友人、パートナー、家族に聞いてみてもいいかもしれません。

それではいよいよ、次の順序で、あなただけのオリジナルサービスをつくってみましょう。

1 他の人と比べて、自分が優位なものは何かをまず考えます。
2 次はそれをどう使うかを考えます。
3 それをどういうサービスにできるかを決めます。
4 お客様につくったサービスをどんどん試します。
5 お客様の反応がよければ、提供する機会を増やすなど、考えたサービスの優先順位を上げます。反応がよくなければ、優先順位を下げたり、2に戻って再度考えたものを試したりします。

**考えたサービスはどんどん試して、お客様の反応のよいものを、自分の中で修正を加えながら、唯一無二のサービスにしていきましょう。**

# 5 あなたを目がけてお客様が来店する

今回は、私が24年間接客してきた中で、特に思い出に残っているお客様についてお話しできればと思います。


別件でクレームがあったお客様を、私が対応したことがありました。

クレームがあったお客様なので、まずは対応する前に、以前のクレームの内容を確認しました。そして、スタッフへのヒアリングを行い、対応に備えました。

その際に、どこに気を遣っているお客様なのかを想像して事前準備を行いました。


そして対応しました。

すると、お客様が「10年ほど前に、あなたが一度担当してくれたことがあるんだよ」というお話をしてくれました。そして、その日はお怒りにならず、無事にお帰りになりました。
それ以降、私を指名してご来店いただけるようになり、合計100回以上担当させていただきました。

別件でのクレームがありながらも再度ご来店いただけたのは、初回の際にお客様が求める接客に近いものを提供できていたからかもしれません。しかし、それだけでは、100回ご来店いただくことは難しかったのではないかと思います。

それは、**毎回来店される前に入念な事前準備をし、お客様に合わせた対応をしたから**ではないかと思います。きっとお客様が居心地がよいと感じてくれたのでしょう。

居心地のよさには、こういったことも含まれます。

このお客様は、どちらかと言うとご指摘の多い方です。こちらに問題があることはもちろん仰っていただきたいのですが、それ以外でもいろいろなご指摘・ご要望がありました。その際に私は、そのお客様のわがままがなるべく出ないように、本来の自分とは違う性格（キャラ）をつくって接していました。そのお客様のことは否定せず、でも「わがままにはNO」と言う、これを徹底していました。

このように、**接客スタイルやキャラをつくれるようになったのは、自分の中の経験値がたまっていたことも大きい**と思います。このお客様はどこに注意すべきか、どこが押さえるべきポイントなのかを、知らず知らずのうちに考えられるようになって、それに沿った接客ができるようになりました。それには、お客様ノートやロジックツリーがとても役立ちました。それらをもとに行動してきたことが、今の自分の接客をつくっています。

また、私が20代のとき、関西のお客様がいれば関西弁を学び、お客様と調子を合わせて話すようにしていました。フランス人のスタッフがいれば、あいさつ程度のフランス会話を学び、少しでもコミュニケーションが取れるようにしていました。

それは、**人を分析して、相手の興味や文化、生活に合わせるというスタイル**です。さらに、その情報を店の人たちにも共有しておくと、接客する際にかなり対応しやすい状態になります。お客様の言語を知ったり、好みのことについて調べたりすることは、どれも私が興味のあることを中心にしたので、当時、継続できたのだと思います。この経験と考え方が、海外のお客様への接客にも活きたことは間違いありません。

このように、**あなたが相手に合わせてしようと思ったことならば、何でもいい**のです。

・お客様の「好き」を知り、欲しいものを与える
・どんな人が来ても受け入れられるよう態勢を万全にしておく
・たぶんこうだろうなと読みとる力をつける
・どんなクレームが来ても対応できる状態にしておく

他の人では得られない時間や空間を提供できる、温かみを感じることができる、このような**あなたにしかできないサービスがつくれると、お客様があなたを目指していらしてくれるようになる**でしょう。

# 6 よいサービスは現場だけでは生まれない

タイトルにもある通り、よいサービスというのはその場だけでは磨かれません。**プロフェッショナルの人は、仕事以外のときも、どうするとサービスがよくなるかを考えています。**

例えば、次のようなことがあるでしょう。

・本や動画教材から、基礎の知識を固める
・本や動画教材から、自分のサービスに落とし込む
・鏡を前にして、ロープレする
・他のスタッフと情報交換をして、自分に活かせるものを盗む
・同じ業種のお店に行って実際に体験し、それを自分のサービスに落とす

これ以外にもいろいろあると思います。

あるところでは、スタッフ全員が「月に1回どこかのお店に行って体験をする」ということを行い、グループページにレポートしています。これは、自分の働いている店で食事体験をするということでも構いません。

レポートには、以下のような内容をまとめ、スタッフみんなに共有します。

①目的
②体験
③気づき、学び（転用できるものは何で、どうしたら落とし込めるかを考える）
④アクション

〈例〉

「お店に行き、自分で生わさびを擦ることができた。自分の店のお客様にも生わさびを擦る体験をしてもらう」

「トイレが清潔なのはもちろん、明るさも重要だと感じた。自分の店は少し暗いと感じていたので、明るくする」

このように、**どれだけ考えるか、どう工夫してみるかで、自分のレベルの上がり方は変わります。**

別の業種のお店に行っても、どのようなサービスを受けても、いくらでも自分の仕事に活かすことができます。この**「考えるトレーニング」が自分の中で常にまわるようになると、通勤時でもちょっとした時間でも、どんなときでも学びを見つけられるようになる**でしょう。

何でも自分の仕事とリンクさせて考え、吸収し、実際に自分の仕事に落とし込みます。

この考え方を使って、さらに自分のサービスを昇華させ、あなたの理想とする一流になってください。

# 7 お客様がついている人とついていない人の違い

お客様がついている人とついていない人がいます。
お客様がついている人は、ストレートに言ってしまうと、**「相手の本当に欲しいものと、自分の魅力や能力を繋げられる人」**だと言えます。

いろいろなパターンがありますが、例えば、次のような人です。

- ・お客様に寄り添い、とても親身である
- ・オリジナルのサービスをつくり、時間と能力をきちんとかけている
- ・お客様が挑戦したいという気持ちを持って取り組むまでサポートする
- ・自らお客様を取りに行く
- ・お客様の振り返りをし、日々のサービスに反映させている

・長期スパンで努力し続けているものがある

私の場合は、お客様が喜んでくれるネタを毎日考えて、それぞれのお客様に対して複数用意していました。また、お客様から指摘があれば、休憩時間を返上してそれを練習し、次回に備えていました。

さらに、初回に担当したお客様には「もしよければ、次回も私が担当させていただきます」とさらっとアピールしていました。大げさにアピールし過ぎるのは、お客様も興ざめでしょう。しかし、さらっと流すように伝えると、お客様は自分で担当者を選べるという選択肢があることを知り、喜んでくれます。**自分から提案してみるのも、お客様に選んでもらう1つの方法**です。

一方、お客様がついていない人というのは、このような人ではないでしょうか。

・提供するサービスに時間と労力を割いていない
・知識が足りない、能力が低い、お客様への伝え方が浅い

・自信のなさが前面に出ている（目線や話し方、素振り）
・お客様に対して壁がある（相手が距離を感じる）
・当たり前のことしか言えない、できない

それでは、このような人は、どうしたらお客様がつくようになるか考えてみましょう。

次のようなことを試してみるのがよいのではないでしょうか。

・はったりや、ややオーバーな表現を用いて、自信があるように振る舞う
・話し方や声のトーンを工夫し、言い切るようにする
・お客様を観察して、どのくらいの距離感が適正なのかを探る
・お客様に対して壁をつくらないように、自分を開示する

お客様はこちらが開示した以上の開示はしません。**お客様が「これを聞いていいのかな」と一度考えを巡らせるということは、こちらに気を遣っている証拠であり、居心地がよいとは言いづらい状態**です。

その他には、**特別感をつくること**です。

誰に聞いても返ってくるような当たり前の知識ではなく、あなたからしか聞けないような知識やエピソード。まごころのこもった声かけ。誰もやらないようなサービスや接客。それをお客様に提供できているかどうかです。

もし、あなたにまだお客様がついていないようでしたら、本書をもう一度読み返してみて、お伝えしてきた内容を1つずつ丁寧にやってみてください。

お客様がファンになる瞬間を、ぜひあなたにも味わってほしいと思います。

# 8 自然に生まれるファンコミュニティ

ファンができるとどうなるのか、ファンがいる人もまだの人も、少し先のことを一緒に想像してみましょう。

私のパートナーは、オーガニック菊﨑（以下、オーガニック）という名の格闘家です。この本を作るにあたってご協力いただいた礒田さんは、オーガニックを応援してくださるファンの1人です。

また、家の近くにあるパン屋さんもオーガニックを応援してくれていて、ポスターを貼って試合を宣伝したり、パンをプレゼントしたりしてくれます。スポンサーとして、サポートもしてくれています。

そのことを知った礒田さんは、このパン屋さんに興味を持ったそうです。それは、同じ選手を応援している者同士だとわかったことが理由です。礒田さんは、このお店がどんなパン屋さんなのか知りたくなり、行きたくなりました。そして、昼間に食べ物を買うなら、そのパン屋さんで購入しようと考えます。「どこかでお金を使うなら、そこで使いたいと思っている」と話してくれました。

このように、**ファンになると、その人と関わるお店に行ってみよう、関わっているサービスや商品を購入してみようと考えます。**

1 あなたのファンになる
2 あなたが関わっている人や、サービスにも興味が湧く
3 そのサービスを受ける、購入する
4 コミュニティが大きくなる

**ファンとは、ファンになったあなただけでなく、そのまわりにまで影響を与えます。こうなると、コミュニティというのは自然に広がります。**

こうして、ファンコミュニティ、応援コミュニティはどんどん広がりをみせます。あなたにファンができると、あなたが関わっている人たちやまわりの人たちにも、よい影響がもたらされる可能性が大きいのです。**あなたのファンをつくることで、あなただけでなく、あなたのまわりも幸せにできる**のです。

ぜひあなたに会いたいファンをつくって、あなたもあなたの大事な人も、みんなで幸せになってください。

# おわりに

本書をお手に取って読んでいただき、本当にありがとうございます。

どうでしょうか。あなたのファンはつくれましたか？

ファンをつくる方法として、本書でお伝えしたのは、まず相手を知ることが必要だということ。そして、その相手が求めることを最大限提供する、これに集中するということです。

このやり方でも、まだまだ大変だと思いますが、頑張ってファンをつくれば、あなたの本当の自信になります。そうすると、さらにいい状態で、日々サービスができます。今までは経験のなかった、いろいろな方にサービスをする機会も増えるでしょう。

間違いなく、毎日のモチベーションが上がります。そして、ファンがファンを呼びます。あなたのサービスは、広がりをみせるでしょう。

ですので、まず1人目を頑張ってつくってみてください。

また、本書を読んで、サービスの本質はつかめましたか？　つかむことができたら、あとは磨くだけです。

私がお伝えしたかったサービスの本質は、お客様に寄り添い・まごころを込めて提供すること。

これを、サービスの1つ1つにできると、サービスはあなただけの特別なものになります。あなただけのサービスができれば、お客様は、あなただから受けたいという状態になります。

本質をつかむためには、量をこなすことが必要です。ですので、たくさん試してください。そして、何回も失敗してください。その経験値が、自分のサービスをつくるアイデアや技になります。何度も何度も挑戦して、経験してください。

また、本書を手に取って、初めて仲亀を知ってくださった方もいらっしゃると思います。本文中でも何度かご紹介しましたが、私の前著『リピート率80％心をつかむ接客術』に、リピート率を上げる方法や、問題解決の仕方が詳しく書いてあります。気になった方は、ぜひ読んでみてください。

最後に、本書を作るにあたって、お世話になった方々に御礼を申しあげます。前著につづき、本書も一緒に作っていただいた、ぱる出版の岩川実加様。執筆にご協力いただいた礒田祐光様、オーガニック菊﨑様。そして、私に本を書くきっかけを与えてくださったネクストサービス株式会社の松尾昭仁様、大沢治子様。みなさま、本当にありがとうございました。

そして、本書を読んでくださったあなたに感謝と、これからの努力に心からのエールをお送りします。

２０２４年2月吉日

仲亀　彩

仲亀 彩（なかがめ・あや）

**接客講師／接客コンサルタント／鉄板焼シェフ**
**接客業歴 24 年　接客したお客様は国内外合わせてのべ 15 万人**
**お客様リピート率 80%**

15 歳から飲食店の接客のアルバイトを始め、独学で調理を学ぶ。都内数店舗で修行し、28 歳でウェスティンホテル東京の鉄板焼シェフに抜擢。これまでに得た接客技術を使い、スターや政財界の著名人、エグゼクティブ、海外の王族を接客する。
2019 年に独立。現在は接客研修や接客コンサルティング、セミナーを行う。
著書に『お客様の心をつかむ 魔法のほめ言葉事典』(秀和システム)、『リピート率 80% 心をつかむ接客術』(ぱる出版) がある。

海外《かいがい》のお客様《きゃくさま》の心《こころ》もつかむ　ファンをつくる接客術《せっきゃくじゅつ》

2024 年 5 月 2 日　初版発行

著　　者　仲亀　彩
発 行 者　和田智明
発 行 所　株式会社 ぱる出版
〒 160-0011　東京都新宿区若葉 1-9-16
代表 03(3353)2835　FAX 03(3353)2826
本書籍に関するお問い合わせ、ご連絡は下記にて承ります。
https://www.pal-pub.jp/contact

印刷・製本　中央精版印刷株式会社


ISBN978-4-8272-1439-0　C0030